칼빈주의 설교와 목양

칼빈주의 설교와 목양

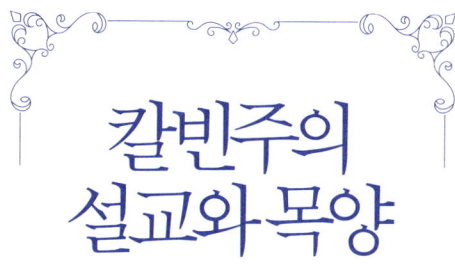

마틴 로이드 존스, 찰스 스펄전,
조나단 에드워즈를 만나다

도지원 지음

아가페

추천의 글

이것은 매우 귀한 책으로, 현시대 목회 현장의 도전과 유혹을 예리하게 인식하고 있는 목사가 쓴 것이다. 또 설교와 목회 사역에서 하나님 말씀의 중심성에 신실했기에, 영향력과 사역에서 자신들의 시대와 장소를 뛰어넘은 세 목사에 관한 책이다. 나아가 이 책은 설교와 목회 사역에서 성경적인 신실함을 추구하라는 현재와 미래의 목사들을 향한 분명한 요청이다. 즉, 목사에 의한, 목사에 관한, 목사를 향한 책이다.

비록 한국의 목회자와 교회를 섬기려 쓴 것이지만, 도지원 목사는 동시에 미국에서도 유의미한 책을 썼다. 이 시대의 목회자와 교회에 필요한 것은 최근의 경향이나 방법이 아니라, 하나님의 말씀에 더 많이 의존하고 이를 신실하게 선포하며 살아가는 것이다. 이것이 역설적으로 가장 '실용적인' 사역이다.

이 책의 독자들이 나처럼 격려받고 영감을 받으며 도전받기를 바란다.

_ 조엘 킴(Joel E. Kim, Westminster Seminary California 총장)

교회는 많으나 맛 잃은 소금처럼 짓밟히고, 설교는 각종 매체를 통해 홍수처럼 범람하나 영혼 깊이 파고드는 능력이 결핍된 시대다. 그러나 이러한 상황에서도 성경적인 목회와 설교를 맹렬히 추구하는 사역자들이 곳곳에 있기에 희망을 갖는다.

도지원 목사와 예수비전교회는 지난 수년 동안 '교리와 부흥 콘퍼런스'를 통해 조국 교회에 신령한 유익과 큰 도전을 제시해 왔다. 본서에 담긴 로이드 존스, 스펄전, 에드워즈의 목회와 설교론은 단순히 학술적인 글이 아니라, 저자 자신이 깊이 영향받았고 예수비전교회 목회의 길잡이가 되어 준 인물에 관한 글이다. 육신을 고치는 의사라는 직업을 내려놓고 영혼을 살리는 복음사역자가 된 로이드 존스처럼, 도지원 목사도 치과의사의 길을 떠나 말씀의 사역자가 되어, 실용적이고 성공 지향적인 목회가 아닌 성경에 근거한 개혁주의적이고 청교도적인 목회 사역을 추구해 왔다.

세 거장의 생애와 목회 그리고 설교를 소개하고 있기에, 목회자와 신학생을 비롯해 이에 관심 있는 그리스도인 모두에게 유익하고 적실한 양서다. 귀한 저술의 출간을 축하하며, 도 목사와 예수비전교회가 어두운 조국 교회에 빛을 더욱 힘있게 비추는 일에 사용되길 바란다.

_ 이상웅(총신대학교신학대학원 조직신학 교수)

참으로 귀한 책이 우리에게 선물로 주어졌다. 이 책에는 로이드 존스 목사와 웨스트민스터 채플이 청교도 콘퍼런스를 통해 청교도를 소개하고 그들을 되살리는 운동을 한 것과 비슷한 호소력이 있다. 성경의 교리를 설교해야 하며, 성경이 말하고 이에 근거해 로이드 존스 목사가 말한 부흥을 위해 기도하고 목회해야 한다고 역설하는 도지원 목사의 마음이 이 책에 고스란히 담겨 있다.

조나단 에드워즈에 대한 난독과 다양한 오독이 많아지는 때에, 에드워즈의 심정을 잘 이해하면서 에드워즈를 읽은 분이 그를 소개하고 안내한다는 점에서 이 책은 매우 시의적절하다.

이제 도지원 목사의 안내를 따라, 웨일즈 사람들과 일부 영국인들이 존경심 가득한 마음으로 '박사' 또는 '영혼의 의사'라 부르는 마틴 로이드 존스와, 설교의 황태자로 불리며 지금까지도 수없이 많은 설교자가 흠모하는 찰스 스펄전과, 흔히 마지막 청교도로 언급되는 조나단 에드워즈가 말하는, 성경적 설교와 목회와 교회에 대한 탐구로 나아가 보자. 이 땅의 모든 그리스도인이 이 책을 읽고, 성경이 말하는 교회를 위해 자신을 온전히 헌신하기를 간절히 기도하면서 이 책을 추천한다.

_ 이승구(합동신학대학원대학교 조직신학 교수, 한국복음주의신학회 회장)

설교는 살아계신 하나님의 약속의 말씀을 선포함으로 죽어가는 죄인을 살리고, 그렇게 살아난 신자들이 말씀과 성령의 능력으로 거룩한 성화의 삶을 살도록 동기를 부여하는 말씀 사역이다. 그런데 실용주의 사고방식이 목회 현장에서 상당한 설득력을 발휘하다 보니, 설교의 내용과 관련해 성경적 교훈과 교리적 가르침의 중요성은 희석되고, 교인들이 듣기 좋아하는 메시지만 반복해 선포하는 설교의 하향평준화 현상이 득세하고 있다. 도지원 목사는 이런 현실을 매우 안타깝게 여기고, '교리와 부흥 콘퍼런스'를 통해 성경적이고 개혁주의에 근거한 목회와 설교의 이정표를 제시해 왔다.

설교 강단에서 전파되는 메시지가 '예수 천당 불신 지옥'의 한계나, '당신은 사랑받기 위해 태어난 사람'이라는 천편일률적인 위로의 프레임에 갇혀 있다면, 개혁파 교회의 미래 부흥은 요원하다. 신앙의 연수가 늘어날수록 성도들이 강단에 기대하는 메시지는 '크신 하나님의 구원 경륜'에 관한 것이고, 창세 전에 그리스도 안에서 우리를 택하신 성부 하나님이 아들의 핏값을 지불할 정도로 우리를 향한 그 구속의 경륜은 참으로 신실하시다는 것이다.

본서에 소개된 마틴 로이드 존스와 찰스 해돈 스펄전 그리고 조나단 에드워즈는 지난 2천 년 교회 역사에서 한결같이 개혁주의 목회와 설교의 이정표를 제시한 탁월한 목회자들이다. 개혁주의 목회와 설교를 추구하는 목회자들이 본서를 통해 성경적 목회의 본질과 이정표를 새롭게 발견할 수 있기를 기대한다.

_ 이승진(합동신학대학원대학교 설교학 교수)

CONTENTS

추천의 글   005
머리말   012

칼빈주의 설교와 목양 ———

성경의 칼빈주의   019

칼빈주의 목회에 임한 부흥   024

성경을 교리적으로 설교하기   027

그리스도의 남은 고난   030

마틴 로이드 존스 ———

참된 설교의 회복   037

생애   039

설교   047

목양   060

요약   074

찰스 해돈 스펄전

교리와 신학의 중요성	079
생애	082
설교	096
목양	108
요약	124

조나단 에드워즈

목회자의 진정한 권위	129
생애	135
설교	145
목양	156
요약	167

주	171
참고문헌	193

머리말

"하나님의 말씀을 너희에게 일러 주고 너희를 인도하던 자들을 생각하며 그들의 행실의 결말을 주의하여 보고 그들의 믿음을 본받으라"(히 13:7).

청년 시절 읽었던 조나단 에드워즈와 마틴 로이드 존스의 책은 신학과 목회에 대한 나의 생각을 근본적으로 바꾸어 놓았다. 또 스펄전의 책은 특히 힘들었던 교회 개척 초기에 나에게 꼭 필요한 격려와 도움이 되었다. 그 후로도 이들은 나의 삶과 목회에 끊임없는 자극과 교훈을 제공했다. 그리고 무엇보다 혼란스러운 목회 현장에서 성경적인 목회의 길을 보여 주었다.

오늘날은 실용성에 초점을 둔 자아 중심적 목회가 일반적인 추세가 되었다. 그러나 교회 역사는, 하나님 중심적이며 신학에 초점을 둔 목회자들이 있었음을 보여 준다. 그중 로이드 존스, 스펄전, 에드워즈는 특별히 주목할 필요가 있다. 이들은 우선적으로 설교에 소명이 있었으며, 자신이 하나님의 말씀을 전하고 가르치도록 부름받았음을 확신했다. 동시에 이들은 목양에도 소명이 있었다. 그래서 이들은 하나님의 양 떼인 교회를 돌보는 일에 결코 소홀하지 않았다. 그 결과 이들의 목회에는 하나님의 놀라운 복이 임했다.

따라서 목회자가 이들의 설교와 목양을 배우는 것은 매우 중요하다. 이들은 목회자가 세상을 따르는 헛된 수고와 노력을 피하게 해준다. 또 목회자에게 설교와 목양에 대한 실제적인 교훈과 지속적인 자극을 준다. 결과적으로 목회자는 주어진 목회 임무를 열정적으로 수행할 힘을 얻고, 하나님이 주시는 부흥을 기대하게 된다.

이 책은 2018년부터 2020년까지 '교리와 부흥 콘퍼런스'에서 강의한 내용을 정리한 것이다. 해마다 1박 2일의 일정으로 열리던 '교리와 부흥 콘퍼런스'가 2020년에는 코로나 사태로 인해 온라인으로 하루 동안만 진행되었다. 실제 콘퍼런스 강의에서는 에드워즈, 로이드 존스, 스펄전 순으로 다루었지만, 이 책에서는 시대 순으로 배열했다. 그리고 이 세 사람의 설교와 목양에 대한 이해를 돕기 위해 이들의 공통 요소인 칼빈주의 설교와 목양에 관한 설명을 추가했다.

성경대로 설교하고 목양하려는 열정을 갖고 전국에서 참여했던 여러 교단 목회자와 신학생들에게 감사드린다. 아울러 이 콘퍼런스에 기도와 봉사와 물질로 헌신해 온 예수비전교회 교우들에게도 감사드린다. 하나님께서 그분의 나라를 위해 기쁨으로 수고한 것을 받으실 것이다!

"하나님을 중심으로 설교와 목양에 소명을 둔
로이드 존스, 스펄전, 에드워즈를 만나다."

● ● ●

DAVID MARTYN LLOYD-JONES
CHARLES HADDON SPURGEON
JONATHAN EDWARDS

칼빈주의 설교와 목양

•

Calvinistic preaching & shepherding

CALVINISTIC
PREACHING & SHEPHERDING

성경의 칼빈주의

데이비드 마틴 로이드 존스, 찰스 해돈 스펄전, 조나단 에드워즈. 이 세 사람은 각각 20, 19, 18세기의 칼빈주의 설교와 목양을 대표하는 자들로, 서로 간의 시대적 차이에도 각자의 목회 현장에서 칼빈주의라는 뚜렷한 특징을 공통적으로 드러냈다.

많은 사람이 칼빈주의를 16세기 종교개혁자의 신학 체계를 따르는 것이라고 생각한다. 그러나 이 세 사람은 칼빈주의를 다르게 이해했다. 이들에게 칼빈주의는 칼빈의 신학 체계가 아니라 성경의 체계를 따르는 것이었다.

로이드 존스는 '칼빈주의의 마지막 설교자'로 불린 사람이다. 그는 칼빈주의의 회복이 절실하다고 보았다. 칼빈주의야말로 성경적이라고 판단했기 때문이다. 이 사실은 로이드 존스에 대한 크리스토퍼 캐서우드(Christopher Catherwood)의 설명에서 잘 나타난다.

> 한 사람의 진술이 바른 것이 되려면 그것은 성경적이어야만 한다. 이것의 중요성은 아무리 강조해도 지나치지 않다. 이 원리가 자신은 "한 체계의 칼빈주의자가 아닌 성경의 칼빈주의자"(Bible Calvinist not a system Calvinist)라는 그의 말의 중심에 있었다. 다른 말로 하면, 그의 칼빈주의는 우리의 가장 중요한 자료인 성경에 대한 해석에서 생긴 것이지, 칼빈의 「기독교강요」와 수세기에 걸친 위대한 칼빈주의 작가들의 글과 같은 이차적인 자료에서 얻은 것이 아니었다.[1]

스펄전은 칼빈주의라는 교리 체계가 칼빈이 아니라 하나님에게서 나온 것이라고 믿었다. 그가 고수하려 한 것은 바로 성경의 칼빈주의였다. 그래서 그는 칼빈주의라는 말을 성경에서 나온 교리 체계에 대한 약어처럼 사용했다. 이안 머레이(Iain Murray)는 스펄전이 사용한 칼빈주의라는 말의 의미를 이렇게 설명한다.

> 종교개혁 신학이 '칼빈주의'로 알려지게 된 것은 역사에서 거

의 우연히 일어난 일이다. 그러나 일단 확립된 그 이름은 중요한 목적을 위해 사용되었다: 그것을 믿는 사람에게 그것은 성경의 체계고, 16세기 지도자의 이름과의 관련성은 부차적일 뿐이다. 이것이 스펄전이 사용하는 '칼빈주의'라는 용어의 의미다. 그에게 그것은 제네바의 개혁자만큼이나 어거스틴과 바울에게 속한 신앙이었다.[2]

에드워즈는 『의지의 자유』(*The Works of Jonathan Edwards, vol. 1; The Freedom of the Will*, 부흥과개혁사) 서문에서 이렇게 말했다.

비록 나는 내가 칼빈에 기댄다는 것을 전적으로 부인하고, 또는 칼빈이 믿고 가르친 교리들이기 때문에 내가 그 교리들을 믿는다는 것을 전적으로 부인하고, 그리고 내가 칼빈이 가르친 대로 전부 다 믿는다는 비판도 정당할 수 없지만, 구별을 위해서 내가 칼빈주의자로 불리는 것에 대해서는 조금도 불쾌하게 생각하지 않는다.[3]

그렇다면 그가 칼빈주의자로 자처한 이유는 무엇일까? 성경이 칼빈주의를 가르친다고 판단했기 때문이다. 이런 점에서 에드워즈는 조지 마즈던(George M. Marsden)의 지적대로 칼빈주의 전통에 서 있는 성경주의자였다.

개혁주의 그리고 청교도 선조들과 같이 에드워즈는 신학과 교회에 관련된 문제들에 대해 '오직 성경으로'라는 개혁주의 원리를 철저하게 따르기 위해 애쓰던 '성경주의자'였다. 그들의 신념과 관습 가운데 많은 것은 성경이 그렇게 가르치고 있기 때문에 학자들이 그렇게 결정한 것이다. 동시에 모든 성경주의자가 전통적인 해석법에 따라 성경을 해석하고 있으며, 에드워즈의 성경주의도 칼빈주의 전통에 서 있던 학자들을 통해 형성되었다.[4]

이처럼 로이드 존스와 스펄전, 에드워즈에게 칼빈주의는 성경의 체계를 따르는 것이다. 그러므로 이들의 칼빈주의 설교와 목양은 어떤 특정 교파의 신학보다 성경의 체계에 기초한 것이다. 이것이 오늘날 목회자들이 이들의 설교와 목양에 주목해야 하는 이유다.

이 시대의 목회 현장에는 실용주의 설교와 목양이 넘쳐난다. 사람들의 요구에 부응하려는 기독교의 모습은 일반적인 추세가 되었다. 많은 교회가 교회 마케팅과 치유 운동의 영향을 받고 있다. 그런 교회에서 설교와 목양은 성경보다 경영학이나 심리학 이론에 의해 좌우된다. 그 결과 교회에서 신학이 실종되고, 성도들이 교리적 무관심에 빠진 것이다. 이로써 야기되는 실제적인 문제는 기독교가 피상적으로 변질된다는 데 있다. 신학과 교리를 소홀히 하거나 무시함으로써 인간의 필요와 하나님의 해결책에 대한 근본 이해를 놓치는 것이다.

이런 점에서 칼빈주의 설교와 목양을 살펴보는 일은 매우 중요하다. 우리는 성경의 체계를 따를 때 인간의 필요를 가장 잘 이해할 수 있다. 인간의 필요는 가난, 질병, 무지, 도덕적 타락, 사회적 차별, 이념 갈등과 같은 '현상'에만 머무르지 않는다. 이러한 '현상'은 증상에 불과할 뿐 문제의 원인이 아니기 때문이다. 성경은 문제의 증상보다는 원인을 다룸으로써 증상의 해결을 도모한다. 즉, 성경은 인간의 타락과 그것이 가져온 심각한 결과를 가르친다. 성경이 가르치는 원죄는 인간의 본성에 의해 부패함이 전달된다는 것을 보여 준다. 또 전적 타락은 인간의 필요를 해결하기 위해 하나님이 주도권을 가지셔야 하는 이유를 알게 한다.

우리는 성경의 체계를 따를 때 하나님의 해결책 역시 가장 잘 이해할 수 있다. 하나님의 해결책은 교육이나 종교적 수양 또는 치유가 줄 수 있는 것과 다르다. 그것은 하나님만 주실 수 있다. 성경은 거룩하신 하나님의 사랑과 은혜가 가져온 놀라운 구원을 가르친다. 즉, 하나님의 선택은 구원의 시작을 보여 주고, 그리스도의 구속은 구원의 성취, 성령에 의한 중생과 회심은 구원의 적용을 깨닫게 한다.

칼빈주의 목회에 임한 부흥

이처럼 칼빈주의 설교와 목양은 성경의 체계 위에 세워진 것이다. 이것이 로이드 존스, 스펄전, 에드워즈의 설교와 목양에서 두드러진 요소다. 따라서 이들의 모든 사역은 하나님에게서 나온 것이라 해도 과언이 아니다. 그 결과 이들의 사역에는 각기 주목할 만한 부흥이 있었다.

로이드 존스에게는 웨일스의 샌드필즈 교회에서 사역하던 1931년이 그러한 해였다. 온 교회가 하나님의 임재를 특별하게 의식했기 때문이다. 제2차 세계대전이 끝난 직후인 1946년 후반 런던 웨스트민스터 채플에서도 주목할 만한 성령의 역사가 있었다. 스펄전은 1852년 워터비치에서 처음 목사가 되었을 때 마을 전체가 변화되는 것을 경험했다. 1854년 런던 뉴 파크 스트리트 교회에서는 사역을 시작할 때부터 놀라운 성장을 경험했지만, 1859년은 특별한 부흥의 해였다. 에드워즈에게는 잘 알려진 대로 두 번의 괄목할 만한 부흥의 역사가 있었다. 그것은 1734년부터 이듬해까지 노샘프턴과 코네티컷 유역에서 일어난 대각성과 1741년부터 2년간 보스턴을 포함한 광범위한 지역에서 일어난 대각성이다. 이러한 부흥은 시대를 막론하고 교인들의 삶은 물론 교인 수에도 영향을 미쳤다.

칼빈주의 설교와 목양을 실천한 이 세 사람의 사역에 부흥이 있었다는 사실은 우연이 아니다. 이들은 모두 각자 자신의 사역에서 기초가 된 칼빈주의와 부흥을 연관 지어 생각했기 때문이다. 로이드 존스는 이렇게 말했다.

> 참된 칼빈주의는 부흥과 하나님의 역사가 "주어진다는 것" 그리고 하나님의 찾아오심을 강조하게 되어 있습니다. 부흥이 점점 횟수가 줄어들게 된 것은 칼빈주의가 하향세를 취한 이후부터입니다. 칼빈주의가 강력해질수록 영적인 부흥과 재각성의 가능성이 더 높아집니다. 그것은 교리로부터 필연적으로 나오는 결과입니다. 여러분이 부흥을 일으킬 수 없습니다. 전적으로 하나님께 달려 있습니다.[5]

스펄전도 그가 '은혜의 교리'로 부르기 좋아했던 칼빈주의를 통해 부흥이 임할 것을 확신했다. 그는 이렇게 말했다.

만일 종교가 정말 부흥하기를 원한다면 여호와의 주권적 은혜 교리들을 반복적으로 설교해야 한다. 주권적 은혜 교리들이 부흥을 일으키지 못할 것이라고 말하지 마라. 칼빈주의와 상관이 없었던 부흥은 웨슬리가 일으켰던 부흥 하나뿐이다. 그러나 그때도 휫필드가 가담하여 하나님의 말씀을 전부 설교했다. 청중이 졸 때 그들을 깨우기를 원한다면 하나님의 주권 교리를 설교하라. 하나님의 주권 교리는 청중을 빨리 깨워 줄 것이다.[6]

에드워즈 역시 칼빈주의와 부흥을 연관 지어 생각했다. 윌리엄 브레이튼바흐(William Breitenbach)는 이렇게 말한다.

1730년대에 조나단 에드워즈는, 죄인들의 영혼에 대한 은혜의 주권적이고 초자연적인 역사의 실재나 필요성을 부인하는 사람들에 대항해 칼빈주의자들의 교리를 옹호하는 데 일차적 관심이 있었다. … 자연스럽게 에드워즈는 대각성을 놀라운 회심들과 함께 그가 1730년대에 설교해 온 은혜의 교리에 대한

신적 확증으로 보았다.[7]

이처럼 칼빈주의 설교와 목양에서 교회 성장은 주로 부흥의 결과였다. 이것은 교회 성장이 목회자가 아니라 하나님의 일이라는 것을 의미한다. 그렇다면 목회자에게 필요한 것이 무엇인지 분명해진다. 그것은 교회 성장의 방법론과 프로그램이 아니다. 성경의 교리 체계를 제대로 알고, 그에 따라 설교하고 목양하는 것이다.

성경을 교리적으로 설교하기

오늘날 성경의 교리를 설교하는 것은 종종 지루하고 골치 아픈 일로 간주된다. 이러한 경향은 교리에 대한 오해에서 생긴 것이다. 만일 교리를 제대로 알고 설교한다면 그것은 사람을 감동시킬 수 있다. 이것이야말로 실제적이며 사람의 관심을 끌 수 있는 것이다. 필립스 브룩스(Phillips Brooks)의 말을 들어보자.

교리를 설교하지 않는 설교치고 강한 능력을 가진 설교는 없다는 것이 진리입니다. 사람들을 감동시키고 사람들을 장악하는 설교자들은 다 교리를 설교하는 자들이었습니다. 어떤 권면이라도 그 뒤에 영원만큼 깊은 어떤 진리를 가지지 않는 권면은 양심을 포착하거나 장악할 수 없는 것입니다.[8]

그렇다면 어떻게 성경의 교리를 설교해야 하는가? 우선 성경의 교리가 살아 있는 것이 되도록 설교해야 한다. 로이드 존스가 이에 대해 참고할 만한 원칙을 제시했다.

정통적이면서도 죽어 있을 수 있습니다. 어째서 그렇습니까? 여러분이 교리에서만 머물고, 어떤 정의를 하는 데서만 머물고, 교리의 목적은 그 교리 자체에 있는 것이 아님을 인식하지 못했기 때문입니다. 교리는 다만 그 인격을 알게 하고 이해하게 하고 그 인격과 교제하게 우리를 인도해 주는 구실을 합니다. … 그러나 우리는 교리에 대해서 설교하는 것과 교리적으로 설교하는 것 사이의 차이를 기억해야 합니다. 제가 이 말을 하는 뜻은 순전히 이지적이고 기계적인 방식으로 교리를 설교할 수 있다는 말입니다. 교리부터 출발하여 교리를 강해하고 교리로 끝내 버리는, 교리에 대해서만 설교하고 맙니다. 그것은 설교의 임무가 아닙니다. 설교의 임무란 하나님, 주 예수 그리스도, 성령과 그 삼위 각위가 우리의 구원에 있어서 역사하시는 일에 대해서 교리적으로 설교하는 것입니다.[9]

성경의 교리를 설교할 때 또 한 가지 기억할 것은, 교리가 어떻게 삶으로 연결되는지 보여 주어야 한다는 것이다. 다시 로이드 존스의 설명을 들어보자.

> 그리스도인의 삶은 교리적입니다. 그것은 불가피합니다. 그리스도인의 삶은 믿음과 행위, 믿음과 실제로 구성되어 있습니다. 두 요점은 전혀 분리될 수 없습니다. 그 두 요점을 서로 나누어서도 안 됩니다. … 다른 말로 해서 그리스도인의 삶 전체는 우리가 믿는 것의 결과입니다. 교리와 삶을 분리하는 것처럼 비성경적이고 영혼에게 있어서 더 위험한 것은 제가 볼 때 없습니다. … 신약은 "오, 교리는 문제가 아니다. 문제 되는 것은 삶뿐이다"라고 말하는 이러한 태도에 대해서 전혀 인정하지 않습니다. 그 이유는 이러합니다. 만일 여러분의 삶과 삶의 양태가 교리에서 나온 것이 아니라면, 그것은 그리스도인의 삶이 아닙니다. 그리스도인의 삶이 아닌 다른 것입니다. 여러분은 그리스도인이 아니고서도 선하고 도덕적인 삶을 영위할 수 있습니

다. 그리스도인이 아니고서도 상당한 선을 행할 수 있습니다. 그리스도인이 아니라도 매우 이상주의적인 사람일 수 있습니다. 그러므로 그리스도인의 고유한 특징은, 그리스도인의 모든 행동이 직접적으로 그의 교리, 그의 믿음과 관련되어 있다는 것입니다.[10]

그리스도의 남은 고난

칼빈주의 설교와 목양에서 빼놓을 수 없는 요소는 고난이다. 사도 바울은 자신이 교회를 위해 받는 고난을 "그리스도의 남은 고난"으로 표현했다. "나는 이제 너희를 위하여 받는 괴로움을 기뻐하고 그리스도의 남은 고난을 그의 몸 된 교회를 위하여 내 육체에 채우노라"(골 1:24). 여기서 바울은 그리스도께서 자신의 몸 된 교회를 위해 받으셔야 할 고난이 남아 있다고 말한다. 그리스도께서 이미 받으신 고난이 교회를 구속하기에 부족해서가 아니다. 오히려 그리스도께서 그 고난을 통해 교회를 구속하신 사실을 세상에 알리기 위해서다. 이 그리스도의 남은 고난은 교회를 위해 일하는 모든 사역자의 몫이다. 성경의 체계에 기초한 칼빈주의 설교와 목양에서 이 고난은 선택의 문제가 아니다.

성경은 교회를 위한 사역을 목양에 비유한다. 그런 측면에서 예수 그리스도는 "하나님의 양 무리"(벧전 5:2)의 "목자장"(벧전 5:4), 또는 "양들의 큰 목자"(히 13:20)로 불린다. 이것은 교회를 위한 모든 사역자가 목자임을 의미한다. 이 목양 비유에서 핵심은 양들을 위한 목자의 희생과 고난에 있다. 이 사실은 예수님의 말씀에서 분명히 드러난다. "나는 선한 목자라 선한 목자는 양들을 위하여 목숨을 버리거니와 … 나는 선한 목자라 나는 내 양을 알고 양도 나를 아는 것이 아버지께서 나를 아시고 내가 아버지를 아는 것 같으니 나는 양을 위하여 목숨을 버리노라"(요 10:11, 14-15). 예수님이 선한 목자가 되실 수 있는 것은 양을 위해 자기 목숨을 버리셨기 때문이다.

그래서 예수님이 베드로에게 세 번에 걸쳐 "내 어린 양을 먹이라 … 내 양을 치라 … 내 양을 먹이라"(요 21:15-17)고 부탁하신 후에 이렇게 말씀하신 것이다. "내가 진실로 진실로 네게 이르노니 네가 젊어서는 스스로 띠 띠고 원하는 곳으로 다녔거니와 늙어서는 네 팔을 벌리리니 남이 네게 띠 띠우고 원하지 아니하는 곳으로 데려가리라"(요 21:18). 이것은 베드로가 목자로서 목자장이신 예수님을 따라 고난받게 될 것을 말씀하신 것이다. "이 말씀을 하심은 베드로가 어떠한 죽음으로 하나님께 영광을 돌릴 것을 가리키심이러라 이 말씀을 하시고 베드로에게 이르시되 나를 따르라 하시니"(요 21:19). 이처럼 고난은 성경의 체계에 기초한 칼빈주의 설교와 목양에서 피할 수 없는 것이다.

이 고난의 요소는 로이드 존스, 스펄전, 에드워즈 세 사람 모두에게서 발견된다. 로이드 존스는 애버라본에 있을 때 과도한 사역으로 극도의 피로감에 시달렸고, 두 번이나 설교를 끝내지 못하고 강단에서 내려올 정도로 목소리에도 문제가 있었다. 웨스트민스터 채플에서 사역을 시작한 뒤로는 7년간 매우 어려운 시기를 보냈다. 독일과의 전쟁으로 회중은 급격히 감소했고, 폭격의 위험 속에서 예배를 드려야 했다. 여기에 교회 내부의 갈등도 있었다. 그곳에서 계속 사역을 해야 할지 확신할 수 없을 정도였다. 1960년대에는 에큐메니컬 운동과 관련된 논쟁으로 가장 힘든 시간을 보냈다.

스펄전은 35세 때 처음 통풍을 경험한 후로, 거의 인생의 1/3의 시간을 그로 인한 고통이나 질병 때문에 설교단을 비워야 할 정도로 건강이 좋지 못했다.[11] 1878년부터 이듬해까지는 특히나 고난의 해였다. 부인 수산나 톰슨은 결혼한 지 12년째 되던 해에 장애를 얻어 남편의 설교를 거의 듣지 못했다. 런던 사역 초기부터 스펄전은 많은 비난을 받았다. 또 로열 서리 가든스 음악 홀에서 예배 중 일곱 명이 죽는 참사를 겪기도 했다. '세례중생설 논쟁'과 '내리막길 논쟁'을 겪으면서는 많은 반대에 직면해야 했다. 존 파이퍼는 그에 대해 이렇게 말했다. "내가 스펄전의 생애와 사역에 대해 읽으면서 가졌던 의문은, 스펄전은 어떻게 이런 역경 가운데서도 말씀을 전할 수 있었는가 하는 것이었다."[12]

에드워즈 역시 젊은 시절 두 번이나 죽음의 문턱에 이르렀을 정도로 건강이 좋지 않았다. 이에 대해 마즈던은 이렇게 기록했다. "우리가 아는 것은 그의 건강 상태가 목소리도 나오지 않고, '기력이 쇠하게' 되었다는 것과 이런 상태가 계속해서 되풀이되었다는 것이다."[13] 노샘프턴에서 사역할 때는 인디언의 공격으로 힘들고 불안한 시기를 보내야 했다. 그 와중에 1748년에는 사랑하는 딸 제루샤가 급성 열병으로 세상을 떠나는 아픔을 겪었다. 그리고 같은 해 성찬식 참여 자격에 대한 개혁을 제안했다가 많은 고난을 당하고, 결국 1750년 노샘프턴 교회에서 해고당하고 말았다.

로이드 존스, 스펄전, 에드워즈가 보여 준 칼빈주의 설교와 목양은 실용주의(기복주의, 번영주의, 신비주의) 설교와 목양이 유행하는 오늘날의 상황에서 우리가 나아가야 할 방향을 제시해 준다. 그것은 곧 성경의 가르침에 충실한 교회의 부흥을 보는 것과 이를 위해 고난의 몫을 기꺼이 감당하는 것이다. 그렇다면 이들은 구체적으로 어떻게 설교하고 목양했을까?

마틴 로이드 존스

•

DAVID
MARTYN
LLOYD-JONES

CALVINISTIC
PREACHING & SHEPHERDING

참된 설교의 회복

마틴 로이드 존스가 목회하던 때는 강단이 점점 영향력을 상실해 가던 시대였다. 그런 상황에서 로이드 존스는 당대의 방식과는 다르게 설교했고, 하나님은 그 설교에 함께하셨다. 많은 사람이 그의 설교를 통해 변화되고, 교회는 부흥을 경험했다. 그의 설교는 여러 사람에게 결코 잊지 못할 인상을 남겼다. 이런 점에서 로이드 존스는 참된 설교를 회복한 인물로 평가받을 만하다.

특히 그의 설교 방식은 많은 설교자에게 영감을 주었다. 그 증거는 여러 탁월한 설교자에게서 확인된다. 존 맥아더는 38세 되던 해인 1977년에 산상수훈에 관한 로이드 존스의 책을 구입해 빽빽이 표시하며 읽었다고 말했다. 그리고 자신의 삶에 가장 큰 영향을 준 책 목록에 이 책과 함께 로이드 존스의 『설교와 설교자』(*Preaching and Preachers*, 복있는사람)를 포함시켰다.[14] 그는 로이드 존스에 대해 이렇게 말했다.

나의 목회 양식 형성기에 데이비드 마틴 로이드 존스보다 더 큰 영향을 준 설교자는 없다. 성경적 주해, 건전한 신학, 통찰력 있는 지혜, 목회적 돌봄 등을 하나의 분명하고 초점이 잘 맞는 그림으로 모아 준 것은, 목소리로는 한 번도 들어 본 적이 없는, 책에서 흡수한 그의 설교였다.[15]

존 파이퍼는 목회자들을 위한 한 강연에서, "1968년에 나를 로이드 존스에게로 이끌어 주신 하나님께 깊이 감사한다"[16]고 고백했다. 좀 더 최근에는 설교에 관한 자신의 책을 로이드 존스에게 헌정하며 이렇게 말했다.

로이드 존스처럼 설교의 위대함에 대한 감각을 내 안에 불어넣어 준 설교자는 없다. … 로이드 존스가 하나님의 말씀의 영광을 다루는 확고부동한 진지함은, 진정한 기쁨이 불가능할 것 같은 세상에서 내게 큰 영감을 주었다. 나는 하나님께서 20세기 중반에 그를 일으키시고, 나아가 J. I. 패커가 로이드 존스의 설교가 자신에게 전기 충격처럼 다가왔고, 하나님에 대한 감각을 다른 어떤 사람보다 더 가져다주었다고 말했을 때 그가 의미한 것을 맛보게 해주신 것에 깊이 감사한다.[17]

이처럼 로이드 존스가 설교자들에게 끼친 영향은 깊고 광범위하다. 많은 설교자가 그를 통해 설교에 대한 오해에서 벗어나고, 설교의 능력을 회복했다. 그러므로 많은 강단에서 참된 설교가 사라진 오늘의 상황에서 그의 설교와 목양에 대해 살펴보는 일은 반드시 필요하다.

생애

출생과 성장, 회심과 소명

로이드 존스는 1899년 웨일스 남부의 항구 도시 카디프에서 태어났다. 1906년 그의 가족은 랑게이토라는 작은 농촌 마을로 이사했다. 그곳은 1730년대 이후 일어난 대니얼 롤런드와 관련된 부흥으로 유명한 곳이었다. 1911년에 로이드 존스는 랑게이토에서 약

6킬로미터 떨어진 트레가론에 있는 중학교에 진학했다. 그가 역사에 관심을 갖게 된 것은 이 학교 선생님 때문이다. 이때 주중에는 하숙집에 머물게 되면서 향수병으로 매우 힘든 시기를 보낸다. 1913년에 그는 의사가 되기로 결심한다. 그리고 마침 이때 대니얼 롤런드 탄생 200주년을 기념해 칼빈주의 감리교회 하계 연합회가 랑게이토에서 열린다. 이 연합회는 로이드 존스에게 깊은 영향을 끼쳤는데, 칼빈주의 감리교회 선조들에 대해 관심을 갖게 된 것이다.

  1914년 로이드 존스의 가족은 부친의 사업 실패로 런던 웨스트민스터 리전시 스트리트로 이사하게 되었다. 거기서 로이드 존스는 메릴본 그래머 스쿨에 다니게 되었고, 처음으로 웨스트민스터 채플을 방문했다. 그리고 1916년에는 세인트 바돌로뮤 병원에 의학도로서 입학 허가를 받았다. 런던에서 로이드 존스의 가족은 칼빈주의 감리교회(웨일스 장로교회)에 속한 채링 크로스 채플에 등록했다. 이 채플에 처음 출석한 날 로이드 존스는 가족과 함께 장차 그의 아내가 될 베단의 가족 바로 앞자리에 앉게 되었다. 1921년 로이드 존스는 의학 수업을 마치고, 1925년 비교적 이른 나이에 왕립의학협회 회원(MRCP) 자격을 취득했다.

  이 무렵 그에게 중요한 변화가 일어났다. 1923년에 그가 자신의 죄성을 깨달으면서 회심을 경험하게 된 것이다. 그리고 1925년 왕

립의학협회 회원 시험에 응시한 후 그는 사역자의 길을 가기로 결심했다. 그는 오랜 친구이자 장차 손위 처남이 될 유언 필립스에게 보낸 1925년 2월 10일 자 편지에서 이렇게 말했다. "나는 장래에 대해 이미 결심했습니다. 사실 시험을 마치자마자 그렇게 했고, 헬라어 수업을 이미 한 번 받았습니다."[18]

그러나 그는 의사의 길을 포기하는 것을 두고 고통스런 싸움을 해야 했다. 이안 머레이는 이 시기에 그에게 일어난 놀라운 체험에 대해 다음과 같이 언급했다.

> 그는 지위나 자기의 이익에 대한 모든 질문을 매우 무의미하게 만드는 체험을 한다는 것이 무엇인지 알았다. 그런 체험 하나가 1925년 부활절에 리전시 스트리트 집의 그가 빈센트와 함께 쓰던 작은 서재에서 일어났다. 그때 그는 그 방에서 혼자 그리스도의 죽음에서 그를 압도하는 방식으로 표현된 하나님의 사랑을 보게 되었다.[19]

이러한 체험을 했음에도 그의 싸움은 계속되었다. 여기에는 그가 지금까지 매력을 느꼈던 삶에 대한 애착이 작용했다. 그는 이 힘든 싸움으로 체중이 9킬로그램 이상 줄었다. 그 결과 그는 자신의 처음 결정에 하나님의 분명한 인도가 없었다는 점을 이유로 진로를 바꾸지 않기로 다시 결심했다.

이 같은 내면의 싸움은 1926년 6월에 끝났다. 최종적으로 그가 자신의 소명을 확신하게 된 것이다. 그는 이에 대해 억누르거나 거역할 수 없는 압박감을 느꼈다. 이러한 압박감은 하나님의 사랑에 대한 확신에서 왔다. 그는 이 확신과 관련된 체험에 대해 말년에 이렇게 고백했다.

> 나는 리전시 스트리트에 있는 우리 집의 그 작은 서재와 바돌로뮤 병원의 부검실 옆 내 연구실에서 뭔가 주목할 만한 체험을 했다는 것을 말하지 않을 수 없다. 그것은 전적으로 하나님께서 하신 일이었다. 나는 말할 수 없는 영광스러운 즐거움으로 충만케 되는 것이 무엇인지 실제로 알게 되었다.[20]

결혼, 샌드필즈

1926년 로이드 존스는 18개월 연상의 베단 필립스와 약혼했다. 그녀 역시 의사였지만 로이드 존스가 앞으로 가게 될 길을 알면서 청혼을 받아들인 것이다. 로이드 존스는 "베단 필립스가 자신이 할

리가의 의사와 결혼하는 것이 아님을 알고 실망하기는커녕 그와 전혀 다른 미래를 맞게 될 것을 기뻐한"[21] 것을 하나님의 도우심으로 생각했다. 두 사람은 1927년 1월 8일 결혼했다.

이 무렵 로이드 존스는 자신이 다니는 채링 크로스 채플의 피터 휴스 그리피스 목사의 소개로, 칼빈주의 감리교 국내선교국에서 벌이고 있던 전진 운동(The Forward Movement)에 지원했다. 그래서 1927년 2월 그는 탤벗항의 애버라본에 있는 베들레헴 전진 운동 교회(교인들에게는 샌드필즈 교회로 알려짐)에 부임하게 되었다. 그는 신학교를 나오지는 않았지만, 1927년 10월 26일 런던 횟필드 예배당에서 목사 안수를 받았다.

로이드 존스는 샌드필즈에서 11년 반 동안 사역했다. 그가 그 교회에 부임할 당시 주일 오전에는 70명가량의 교인이 출석하고 있었고,[22] 등록 교인 수는 93명이었다.[23] 또 교회에는 큰 빚이 있었다.[24] 이러한 상황은 시간이 지나면서 서서히 변하기 시작했다. 이에 대해 로이드 존스 자신은 이렇게 말했다.

> 시간이 좀 걸렸다. 1927년 2월부터 7월까지 단 한 명의 회심도 없었다. 첫 번째 회심이 7월에 있었는데 눈여겨볼 만한 것은 아니었다. 그 뒤에 우리는 휴가를 떠났다. 우리가 돌아온 후 E.

T. 리스가 10월 첫째 주일에 회심했는데 그것은 무언가의 시작인 것 같았다. 그 일은 그때부터 계속되었다.[25]

그 뒤로 샌드필즈에서는 눈에 띌 만한 회심이 계속해서 일어났다. 이와 함께 교인 수도 꾸준히 늘었는데, 그중 대다수는 새롭게 교회에 온 사람이었다. 이런 가운데 1931년은 특히 주목할 만한 해였다. 이안 머레이는 이 시기에 대해 이렇게 기록했다.

1930년에서 1931년으로 넘어가는 겨울에, 온 교회는 하나님의 임재를 의식하며 감동을 받는 것 같았고, 로이드 존스도 이 시기에 자신의 영이 살아난 것을 알았다. … 1931년에 축복의 물결이 일어나는 가운데, 그 세기 초기에 있었던 일을 기억하는 한 나이 많은 교인이 외쳤다. "이건 부흥이야! 성령의 능력이 1904년보다 지금 더 크게 나타나고 있군!" 확실히 샌드필즈에서는 참된 영적 각성이 있을 때마다 나타났던 일이 재현되고 있었다.[26]

이처럼 샌드필즈 교회는 많은 축복을 경험하며 성장했다. 로이드 존스는 말년에 칼 헨리와의 인터뷰에서 이렇게 말했다. "11년 반 동안의 사역 기간에 교회원은 530명으로 늘어났고, 출석 인원은 850여 명이 되었다."[27] 이와 함께 1936년에는 교회 부채를 다 청산한다.[28]

이 시기에 로이드 존스는 웨일스를 비롯해 여러 지역에서 설교했다. 1932년에 북미 지역을 처음 방문했고, 1935년에는 캠퍼스 기독인 연합회(IVF, Inter-Varsity Christian Fellowship)와도 관계를 맺게 되었다. 또 그해에 캠벨 모건의 초청을 받아 처음으로 웨스트민스터 채플에서 설교했다. 그리고 1937년 북미 지역을 다시 방문했는데, 이때 필라델피아에서 그의 설교를 다시 듣게 된 캠벨 모건이 그를 두 번째로 초청했다. 결국 그는 1938년 7월 말 샌드필즈 교회를 사임하고, 캠벨 모건의 요청대로 6개월 동안 웨스트민스터 채플의 공동 목회자가 되었다.

웨스트민스터 채플, 은퇴와 죽음

로이드 존스는 1938년 9월 웨스트민스터 채플에서 사역을 시작했다. 그리고 얼마 지나지 않아 그곳에서 모건의 동사(同事)목사로서 계속 사역하게 되었다. 이 결정을 내리고 얼마 후 독일과의 전쟁이 벌어졌다. 교인 수는 급감하고, 교회 재정은 교회를 유지하기 어러울 정도로 악화되었다. 그런 중에도 로이드 존스는 웨일스에서처럼 주중에 다른 곳에서 설교하는 일이 많았다. 그러면서 그의 지도력은 스코틀랜드까지 확장되었다. 또 그는 기독 사역자들의 교제와 토론을 위해 '웨스트민스터 교제회'를 시작하고, 복음주의 도서관의 탄생을 도우며, 런던 바이블 칼리지의 설립에도 기여했다.

1943년 7월 캠벨 모건이 사임한 뒤로는 로이드 존스의 단독 목회가 시작되었다. 전쟁이 끝난 1945년 5월 무렵 웨스트민스터 채플에 정규적으로 출석하는 교인 수는 500명가량이었다. 제2차 세계대전으로 웨스트민스터 채플에서 7년간 힘든 시간을 보낸 로이드 존스는 그곳에서 계속 사역할지를 두고 망설였다. 그러나 교회를 재건하는 과정에서 자신을 그곳으로 이끄신 하나님의 인도하심을 확신하게 되었다. "1946년 후반에 회중에게 성령의 역사에 대한 현저한 증거가 나타나,"[29] 회심하는 사람이 많이 생겼으며, 회중의 규모도 점점 커져 "1948년에는 출석자들이 1,300~1,400명에 이르게 된"[30] 것이다.

로이드 존스의 사역은 1950년대에 절정에 이르렀다. 당시 웨스트민스터 채플은 주일에 보통 "1,500명 이상" 출석하는 "런던에서 가장 큰 회중교회"[31]였다.

1960년대는 로이드 존스의 인생에서 특별히 힘든 시기였다.

그는 에큐메니컬 운동에 대항하는 과정에서 많은 비판을 받았고, 1966년 10월 18일 웨스트민스터 센트럴 홀에서 열린 제2차 복음주의자 총회를 계기로, 에큐메니컬 운동에 대해 다른 입장을 취한 사람들과 나뉘게 되었다.

로이드 존스는 1968년 3월 1일 금요일, 로마서 14장 17절에 관한 설교를 끝으로 사임했다. 그리고 대장암 수술을 받고는 목회 사역을 다시 하지 않기로 결정했다. 대신 그는 세계 각처에서의 초청을 받아들이고, 무엇보다 자신의 설교를 책으로 출판하도록 하나님께서 부르신다고 느꼈다. 그리고는 1969년 봄 학기 6주 동안 필라델피아의 웨스트민스터 신학교에서 '설교와 설교자'를 주제로 열여섯 번의 강의를 했다. 그 후 로마서 강해 시리즈를 비롯해 많은 책을 출판했다. 그는 웨스트민스터 채플에서 마지막으로 설교한 때로부터 꼭 13년이 되던 1981년 3월 1일 주 안에서 잠들었다.

설교

설교의 우선성

마틴 로이드 존스의 『설교와 설교자』 1장의 소제목은 '설교의 쇠퇴와 몰락'으로 시작해 '우리에게 필요한 부흥'으로 끝난다. 이것은 설교와 교회의 상태가 무관하지 않음을 나타낸다. 여기서 그는 신약성경과 교회사를 통해 교회와 목회자의 주된 임무가 설교임을 밝힌다. 무엇보다 그가 당시 교회의 상황과 관련해, "참된 설교야말로 오늘날 교회에 가장 긴급하게 필요한 일"[32]이라고 말한 점에 주목할 필요가 있다. 이는 그가 교회사에서 얻은 통찰이다.

> 교회사를 조감해 볼 때, 교회 역사상 위축된 시기는 항상 설교가 쇠퇴했던 때임이 분명하지 않습니까? 매번 종교개혁과 부흥의 새벽을 알렸던 현상이 무엇입니까? 설교가 새로워진 것입니다.[33]

실제로 그가 샌드필즈 교회에 부임했을 당시 교회는 침체된 상태였다. 주일예배 출석 인원이 줄고 주일학교는 감소했다. 영국 전체가 비슷한 상황이었다. 이런 상태에서 로이드 존스는 참된 설교가 지금 교회에 가장 긴급하게 필요하다는 확신을 갖고 사역에 임했다. 그래서 그는 교회 성장 방안으로 만든, 교회 다니지 않는 사람들을 위한 일종의 '프로그램'에 관심을 두지 않았다. 그의 전기는 이 사실을 잘 보여 준다.

그러나 로이드 존스는 어떤 새로운 프로그램에 관해서는 말할 것이 아무것도 없었다. 교회 서기가 보기에 놀라울 정도로, 그는 정규 주일예배(오전 11시와 오후 6시)와 월요일 기도회, 수요일의 주중 모임으로 이루어진 교회 생활의 순전히 '전통적'인 부분에만 관심이 있는 것 같았다. 다른 것은 다 없어져도 괜찮다고 생각했기에, 외부인들의 관심을 끌기 위해 특별히 고안된 활동은 곧 폐지되었다.[34]

이는 그가 웨스트민스터 채플에서 사역할 때도 마찬가지였다. 캠벨 모건이 사임하고 단독 목회를 시작했을 때 그는 설교에 집중했다. 그리고 수적 성장을 위한 다른 방안에 관심을 두지 않았다.

주일학교는 1943년에 다시 시작되었지만, 여성 연맹이나 협회(탁구와 체조부터 해마다 개최되던 노래 및 웅변 대회까지 여러 활동을 함), 기독교 소년단, 소녀 십자군, 심지어 교회 찬양대까지 전쟁 전에 있던 다른 모든 기관은 영구히 사라졌다. 단독적인 청년 조직도 없었다(주일 오후의 비공식적인 젊은이들 모임은 그렇게 부를 만하지 않음). 이런 것들이 생략된 것에 대한 어떤 언급은 없었지만 사람들은 이 점에 주목했으며, 오랫동안 수적 성장

에 그런 것들이 필수적이라고 생각해 오던 일부 보수적인 사람들은 특히 더 그러했다.[35]

이처럼 로이드 존스가 다른 프로그램에 관심을 갖지 않고 설교에 집중한 것은, 수적 성장이라는 실용적 목적 때문만이 아니다. 거기에는 좀 더 근본적인 이유가 있다. 그것은 그가 설교만이 교회의 주된 목적을 이룰 수 있다고 보았기 때문이다. 그가 말하는 교회의 주된 목적은 "사람을 신체적 정신적으로 치료하거나 교육하거나 행복하게 만드는 일"이 아니며, "사람을 선하게 만드는 일"[36]도 아니다. 그것은 인간의 근본적인 문제, 즉 "하나님을 거슬러 반역함으로써 하나님의 진노 아래 놓이게 된"[37] 것을 다룸으로, "인간을 하나님과 바른 관계로 이끄는 것이며 화목케 하는 것"[38]이다. 그런데 이 목적을 이룰 수 있는 것은 설교뿐이다. 즉, 그는 사람들의 진정한 필요가 무엇인지 보여 주고, 그 필요를 채울 수 있는 것은 오직 설교뿐이라고 믿은 것이다. 이런 점에서 설교를 대체할 수 있는 것은 아무것도 없다.

설교 준비

로이드 존스는 샌드필즈에서 처음 사역을 시작할 때부터 설교 준비를 소홀히 하지 않았다. 그는 설교 준비를 위해 기도와 연구에 집중하며 매일 오전을 주로 서재에서 보냈는데, 그 시간은 종종 오후까지 이어졌다. 이에 대해 이안 머레이는 이렇게 기록했다.

그는 자신의 생각과 영을 준비하는 데 이 정도의 시간을 들이는 것은 단지 기호의 문제가 아니라 효과적인 목회를 위해 절대적으로 필요한 것이라고 판단했다. 여러 해 후에 그는 이렇게 단언했다. "하나님이 두드러지게 사용하신 사람들은 성경을 가장 많이 연구해 잘 알고, 설교 준비에 시간을 들인 사람들이었다는 점을 언제나 발견하게 될 것이다."[39]

로이드 존스는 본문을 정하는 것과 관련해 절대적인 법칙이 있다고 보지 않았다. 그 예로 연속 설교를 반대한 스펄전과 그런 설교를 지지한 청교도들을 들었다. 여기서 그가 중요하게 생각한 것은 성령의 자유를 제한해서는 안 된다는 것이었다.

한 가지 주목할 사실은 로이드 존스가 처음부터 연속 설교를 한 것은 아니라는 점이다. 그는 연속 설교를 위해서는 청중의 수준을 고려해야 한다고 생각했다. 이에 대해 이안 머레이는 이렇게 기록했다.

> 회중석이 강단을 지배해서는 안 되지만, 설교자는 항상 청중의 상태와 능력을 고려해야 한다. 그래서 이 시기에 로이드 존스는 청중에게 연속 강해 설교를 서서히 조금씩 소개했다. 그의 초기 시리즈는 대체로 4편의 설교를 넘지 않았다. 그런데 점차 그 길이가 늘어났다. 1946년 10월에 시작한 베드로후서에 관한 연속 설교는 1947년 3월 말까지 계속되었다. ⋯ 그러나 이 시기에는 연속 설교가 아닌 것이 많았다.[40]

연속 설교를 위해서는 설교자의 능력도 고려되어야 한다. 여기서 정근두 목사의 지적은 참고할 만하다.

> 로이드 존스는 20년이라는 강단 사역을 한 다음 1946년에 베드로후서라는 한 책을 택해서 본격적인 연속 설교를 시작했다. 그의 방법을 추종할 때 기억해야 할 사항은 '천재적인 능력을 가진 그 의사가 마침내 도달했던 곳에서 시작하려고 노력하는'(King, 1981:18) 실수를 범하지 않도록 하는 것이다.[41]

로이드 존스는 설교 원고 작성에서도 절대적인 법칙이 있다고 보지 않았다. 그보다 설교자가 자신을 알고 그에 맞는 방법을 택하는 것이 중요하다고 생각했다. 그러면서 자신이 해온 방식을 이렇게 소개했다.

> 일주일에 한 번은 설교 원고를 작성했지만, 두 번은 작성하지 않았습니다. 처음 10년 동안은 그렇게 한 번은 원고를 작성하려고 노력했습니다. 저는 원고를 작성하는 것이 생각을 정돈하고 논지를 배열하며 연결하고 전개하는 데 좋은 훈련이 된다고 느꼈습니다. 이처럼 저의 습관은 원고를 작성하는 방법과 즉석에서 설교하는 방법 모두를 사용하는 것이었습니다.[42]

그가 설교 원고를 완벽하게 작성한 것은 주일 저녁의 전도 설교였다. 믿지 않는 사람들에게 말할 때는 특별히 주의를 기울여야 했기 때문이다.

설교 원고를 작성할 때 로이드 존스가 특별히 강조한 것은 설교문의 '형식'이다.[43] 설교문의 형식이 중요한 것은, 설교가 본문을 단순히 주해하거나 설명하는 것이 아니라 메시지를 전달하는 것이기 때문이다. 그는 "설교자는 전달할 메시지에 관심을 가져야 하고, 그

메시지를 그것이 전달될 수 있는 최상의 형태에 넣기 위해 노력해야 한다"[44]고 말했다. 여기서 중요한 것은, 주해를 통해 파악한 본문의 메시지 또는 특정 교리를 명확히 전달하기 위해 어떻게 대지를 나누고 배열할 것인가 하는 문제다. 먼저 대지를 나누는 것에 대해 그는 이렇게 말했다.

'대지'와 관련하여 기억해야 할 중요한 점은 그 대지가 본문 안에 있는 내용이어야 한다는 것, 본문에서 자연스럽게 나온 것이어야 한다는 것입니다. 이 점은 아주 중요합니다. … 대지를 억지로 나누지 마십시오. 자신이 원하는 모습으로 설교를 완성시키기 위해 억지로 가짓수를 늘리지 마십시오. 대지는 자연스러워야 하며 내용에 합당해야 합니다.[45]

대지를 배열하는 것에 대해서는 이렇게 설명했다.

여러분에게는 사람들과 논증하고 추론하며 전개시켜 나가고자 하는 교리, 주장, 논거가 있습니다. 그러므로 첫 번째 대지가 두 번째 대지를 이끌어 내고, 두 번째 대지가 세 번째 대지를 이끌어 내도록 항목들을 배열해야 합니다. 각 대지는 다음 대지를 이끌어 내야 하며, 최종적으로 명확한 결론을 향해 나아가야 합니다. 설교자는 모든 항목을 이런 식으로 배열함으로써 특정 교리의 중심 사상을 드러내야 합니다. 저의 강조점은 생각이 진전되어야 한다는 데 있으며, 대지들은 각기 독립된 것이 아니라 어떤 의미에서 다른 것들과 동등한 가치를 갖는다는 데 있습니다. 대지들은 전체의 한 부분으로서, 설교자는 각각의 대지를 다룰 때마다 중심 주제를 발전시키고 심화시켜 나가야 합니다. 설교자는 단순히 똑같은 내용을 여러 번 말하는 것이 아니라 최종적인 결론을 목표 삼아 나아가는 것입니다. 이처럼 설교문의 형식에서 논의와 주장의 진전과 발전, 전개는 절대적으로 중요합니다.[46]

이처럼 대지의 배열에서 그가 강조한 것은 논리적 전개다. 이는 메시지의 효과적인 전달을 위한 것이다. 그는 설교 작성에서 형식을 중시해야 하는 이유를 이렇게 밝혔다.

왜 그렇게 해야 하느냐고 묻는 사람도 있을 수 있습니다. 그 대답은 설교를 듣는 자들 때문이라는 것입니다. 그것이 그리스 사람들이 발견한 바이며, 제가 당연히 믿는 바입니다. 그들은 진리를 이처럼 특정한 방식으로 제시할 때 사람들이 더 쉽게 동화되고 받아들이며 기억하고 이해하고 도움을 받는다는 사실을 발견했습니다.[47]

로이드 존스는 설교 준비의 어려움이 여기에 있다고 보았다. 그러나 그 일은 가장 영광스러운 일이기도 하다.

설교문을 준비하는 일에는 땀과 수고가 요구됩니다. 성경에서 발견한 모든 재료를 이러한 특정 형식 속에 담아내는 것이 지극히 어렵게 느껴질 때도 가끔은 있을 것입니다. 그것은 흙으로 도자기를 빚거나 대장장이가 말발굽을 만드는 것과 같은 작업입니다. 재료를 불 속에 넣었다가 모루 위에 올려놓고 거듭거듭 망치질을 해야 합니다. 망치질을 할 때마다 조금씩 나아지기는 하지만 금방 모양이 바로잡히는 것은 아닙니다. 그러므로 자신이 만족할 때까지, 또는 더 이상 잘할 수 없을 때까지 자꾸자꾸 그 일로 되돌아가야 합니다. 그것이 설교문을 준비할 때 가장 힘겨운 부분인 동시에 가장 매력적이고 영광스러운 임무이기도 합니다. 그것은 때로 아주 어렵고 지치는 일이며 대단한 노력을 요구하는 일입니다. 그러나 확언하건대, 마침내 그 일에

성공했을 때에는 지상에서 사람이 맛볼 수 있는 가장 영광스러운 느낌을 경험할 것입니다.[48]

설교 전달

로이드 존스는 설교문과 설교 행위라는 두 요소가 적당한 비율로 결합된 것을 참된 설교로 보았다. 이것은 메시지와 전달이 둘 다 중요함을 의미한다. 그러면서 그는 그 중요성을 이렇게 설명한다.

여러분에게는 빛과 열, 두 가지가 다 있어야 하며 설교문에 더하여 설교 행위도 있어야 합니다. 열 없는 빛은 아무에게도 영향을 주지 못하며, 빛 없는 열은 영구적인 가치가 없습니다. 일시적인 영향은 줄 수 있을지 몰라도 진정으로 사람들을 돕고 세우며 그들의 문제를 다룰 힘은 없습니다.[49]

여기서 설교에 대한 로이드 존스 특유의 설명이 이어진다.

설교란 무엇입니까? 불붙은 논리입니다! 마음을 움직이는 이성입니다! 두 가지가 서로 모순되는 것 같습니까? 결코 그렇지 않습니다. 바울을 비롯한 여러 사람들에게서 볼 수 있듯이 이 진리와 관련된 이성은 사람의 마음을 강하게 움직입니다. 설교는 불붙은 신학입니다. 불붙이지 못하는 신학은 결함이 있는 신학이라는 것이 저의 주장입니다. 아니면, 적어도 신학에 대한 설교자의 이해에 결함이 있다고 해야 할 것입니다. 설교는 불붙은 인간에게서 나오는 신학입니다. 진리를 참으로 이해하고 경험한 사람은 반드시 불붙게 되어 있습니다.[50]

이러한 설교 행위에서 로이드 존스가 우선적으로 강조한 것은 권위다. 그는 강단의 권위를 되찾는 것이야말로 오늘날 교회에서 가장 필요한 일이라고 생각했다. 실제로 로이드 존스의 설교에서 두드러진 점은 이 권위의 요소다. 사람들은 그의 설교에서 가장 큰 특징이 확신 있는 말투라고 생각했다.

이 권위는 설교자 자신이 무슨 일을 하고 있는지 인식하는 데서 나온다. 따라서 설교자의 소명이 중요하다. 이에 대해 로이드 존스는 이렇게 말했다.

그는 어떤 것들을 '선포하기' 위해 그 자리에 서 있는 사람입니다. 그는 위임받은 사람이며 권위 아래 있는 사람입니다. 그는 대사로서 자신이 어떤 권위를 부여받았는지 알아야 하며, 스스로 보냄을 받은 사신으로서 회중 앞에 서 있다는 사실을 늘 인식해야 합니다.[51]

그러므로 설교자의 권위는 영적인 권위다. 그 권위는 설교자의 학식이나 재능이 아니라 성령에 의해 주어진다. 이런 점에서 로이드 존스가 설교 행위에서 무엇보다 강조한 것은 성령의 능력이다. 물론 말씀이 중요하지만, 그 말씀에 권위를 부여하는 분은 성령이다. 이것이 로이드 존스의 강단 사역에서 가장 중요한 부분이다.

그러나 이렇게 말하는 것은 그의 강단 사역에서 가장 중요한 부분을 말하지 않는 것이다. 그는 어떤 사람이 강해 방식을 따르는 데 필요한 천부적인 능력과 진리에 대한 이해를 소유했더라도 결코 설교자가 되지 못할 수도 있다고 생각했다. 성령께서 참된 설교에 역사하셔야 하는데, 들은 대로 진리를 인정하는 것뿐 아니라 설교자 자신의 기름부음에서도 역사하셔야 한다. 오직 그럴 때만 그의 생각뿐 아니라 마음도 올바르게 사용되며, 결과적으로 그의 말에 생동감과 기름부음, 즉흥적인 요소가 수반된다.[52]

따라서 로이드 존스가 설교자에게 주는 결론적인 권면은 성령의 기름부음을 구하라는 것이다.

> 그를 구하십시오! 성령을 구하십시오! 성령 없이 우리가 무엇을 할 수 있겠습니까? 그를 구하십시오! 항상 그를 구하십시오. 아니, 그를 구하는 데서 더 나아가 그가 하실 일을 기대하십시오. 여러분은 설교하기 위해 강단에 올라갈 때 성령이 일하실 것을 기대합니까?[53]

목양

복음 전도

앞서 언급한 대로, 로이드 존스는 샌드필즈에서 목회를 시작할 때부터 교회 밖 사람들을 위한 프로그램에 관심을 갖지 않았다. 예를 들어, 그는 사람들을 교회로 나오게 하기 위한 방안의 하나로 어린이 사역의 가능성을 말하는 사람들에게 동조하지 않았다. 이안 머레이는 당시 분위기를 이렇게 기록했다.

샌드필즈의 어떤 이들은 어린이 사역 분야에 최선의 소망이 있다고 생각하는 것 같았다. E. T. 리스는 1926년 전진 운동 본부에 '어린이들을 통해 사역이 크게 확장될 수 있다'며 이렇게 보고했다. "만일 우리에게 교사만 있다면, 한 달 안에 500명의 아이가 있는 주일학교를 얻게 될 것이다."[54]

로이드 존스가 그러한 생각을 따르지 않은 데는 이유가 있다. 복음 전도를 위해서는 교회가 교회다워지는 것이 우선이라고 생각했기 때문이다. 그는 복음 전도에 대해 이런 확신을 갖고 있었다.

복음 전도란 교회 안에서 알고 누리는 그리스도인의 삶의 질에 크게 의존한다. 샌드필즈 근처의 지역 사회는 홍보나 체계적인 심방이 아니라, 사람들의 새로워진 삶의 방식에 의해 전도되었다. 회중 가운데 누구도 '개인 전도'나 '간증하는 법'에 관한 강좌를 듣지 못했다.[55]

이는 그가 추구한 목회 방향이 어떤 것이었는지를 보여 준다.

그가 시대를 이해한 대로라면, 첫 번째 필요는 교회 자체로

부터 시작하는 것이었다. 일단 진짜 그리스도인의 경험이 회복되면 교회는 세상이 귀 기울이게 하는 데 별 어려움이 없을 것이다.[56]

이런 점에서 그의 목회적 관심은 일차적으로 복음 전도에 있지 않았다. 그는 사람들을 교회로 나오게 하는 일보다 교회 안의 사람들이 새롭게 변화되는 일이 급선무라고 생각했다. 교회 안의 사람들이 새롭게 변화되면 교회 밖 사람들이 교회로 오게 되리라고 판단한 것이다. 따라서 그의 우선적인 관심은 신앙 부흥에 있었다.

그가 당시의 상황을 판단할 때 가장 먼저 떠오른 것은, 이 나라의 신앙적인 추세는 성령이 부어 주시는 참된 신앙의 부흥에 의해서만 변화될 수 있다는 확신이었다. 성경을 읽고, 조나단 에드워즈나 조지 휫필드 같은 사람을 다시 새롭게 돌아보면서, 그는 과거의 어떤 일도 재현되지 못하리란 법은 없음을 알았다. 교회는 기도와 설교라는 교회의 참된 사역으로 다시 부름 받을 필요가 있었다. 그리고 작금의 신앙 형편을 고려해 볼 때, 그는 그런 일이 잉글랜드보다는 웨일스에서 일어날 가능성이 더 크다고 판단했다. 잉글랜드의 복음주의자들은 전도에만

몰두하느라 교회 자체에 내재해 있는 진짜 문제점을 보지 못하고 있었다.[57]

심방

로이드 존스는 심방에 소극적이었던 것으로 보인다. 그것은 그가 목회자의 소명은 설교임을 강조하려 했기 때문이다.

> 심방이나 다른 활동을 통해 설교의 부족함을 메울 수는 없습니다. 실제로 저는 설교를 제대로 하지 못하고 설교로 미리 길을 닦아 놓지 않는 한, 심방에는 그리 큰 의미가 없다고 생각합니다. 그저 차 한 잔 마시면서 유쾌한 담소를 나누는 사교적인 방문은 될 수 있을지 몰라도 목회적인 차원의 심방은 될 수 없습니다. 설교는 목회자가 다른 모든 활동을 할 수 있도록 길을 닦아 놓는 일입니다.[58]

그러나 그는 적어도 샌드필즈에서는 심방을 도외시하지 않았다. 그 사실을 보여 주는 기록이 있다.

저녁 모임이나 예배 후 종종 로이드 존스는 뒤에 남아 사람들과 개인적으로 이야기를 나눴다. 그러나 시간이 얼마나 늦어지든 그가 일을 다 마칠 때까지 언제나 한두 사람이 기다리다 그의 집까지 동행했다. E. T. 리스가 대표 격인 친한 사람들 가운데 하나가 자주 목회 심방 때 그와 동행하려 했다.[59]

그러나 웨스트민스터 채플에서는 심방이 매우 제한적으로 이루어졌다. 로이드 존스가 환자들을 전혀 심방하지 않은 것은 아니지만, 그 일은 주로 목사보(assistant)의 몫이었다. 그래서 웨스트민스터 채플에서는 목회적 돌봄이 중요하지 않은 일이었다고 비난하는 사람도 있다. 로이드 존스는 매 주일 그의 사무실을 찾아온 사람만 만났다는 것이다. 이런 이유로 웨스트민스터 채플은 "설교 센터"[60]라고 불리기도 했다. 그러나 로이드 존스의 마지막 목사보인 에드윈 킹은 이렇게 말했다.

웨스트민스터 교회는 설교하는 곳 이상은 아무것도 아니라는 식으로 비난의 대상이 되곤 하였습니다. 그러나 그런 말은 사실에 기초한 것이 전혀 아닙니다. 예배를 마치고 나서는 많은 사람들이 대화를 나누기 위하여 대기하고 있는 것이 상례가 되

었습니다. 설교하고 나서 피곤하였을 텐데도 박사는 인내하면서 그 모든 사람들을 만나려고 하였습니다.[61]

교제와 주중 모임

로이드 존스는 자신의 목회에서 교제의 중요성을 놓치지 않았다. 신약성경에서 교회가 곧 성도의 교제라는 사실에 주목했기 때문이다. 따라서 그는 처음부터 주중 모임의 필요성을 인식하고 있었다. 그래서 샌드필즈에서는 주중 예배는 없었지만 기도회(월요일), 교제 모임(수요일), 형제회(토요일) 등이 있었다.

수요 모임과 토요 모임은 그리스도인의 삶에 대한 토론으로 진행되었다. 차이가 있다면 수요 모임은 실제적인 면을 다룬 데 비해, 토요 모임은 교리와 성경 이해 같은 신학적인 면을 다룬 것이다. 주목할 것은 이러한 모임을 통해 교제가 이루어졌다는 사실이다. 이안 머레이는 토요 모임이 가져온 결과를 이렇게 기록했다. "한 회원은 이렇게 회고했다. '독터의 지도로 토요 모임은 진정으로 형제회가 되었다.' 남자들 사이에서 발전된 더 깊은 유대가 전체 교회 생활에 반영되기 시작했다."[62]

이처럼 샌드필즈에서 로이드 존스가 경험한 것은 교인 수의 증가만이 아니라 교인들 사이의 깊은 교제였다. 그것은 마치 한 가족의 연합과 같았다. 로이드 존스가 웨스트민스터에 갔을 때 느낀 문제는 바로 이런 교제가 없다는 것이었다. 그래서 그는 우선적으로 교제를 위한 모임을 도입했다.

로이드 존스는 웨스트민스터 채플이 자신을 청빙한 것에 대해 말하면서 한번은 이렇게 말했다. "그들은 매우 친절했지만, 나는 그들에게 영적인 이해와 교제가 크게 결핍되어 있다는 것을 느꼈다. 기도회가 전혀 없었고, 영적 모임도 없었다." 모건 박사의 즉각적인 동의를 얻어, 그는 1939년 가을에 영적인 대화와 토론을 권장할 의도로 월요일 저녁 '교제' 모임을 도입했다.[63]

그러나 1943년 캠벨 모건이 사임했을 때도 상황은 달라지지 않았다. 이안 머레이는 당시에 제기된 문제를 이런 말로 설명했다.

새로운 사역의 부담은 로이드 존스에게 짐이 아니었겠지만, 확실히 다른 요인들이 그를 무겁게 짓눌렀다. 하나는 웨스트민스터의 회중 가운데 참된 교회의 교제를 확립하는 문제였다. 전통적으로 그곳은 많은 사람에게 설교 센터로 인식되어 왔기에 교인들은 서로 낯설었다. 이미 언급한 대로, 기도회가 전혀 없다는 것은 강력한 영적 유대가 교인들 사이에 결여되어 있다는 충분한 표시였다.[64]

전쟁이 끝나고 교회를 재건하는 과정에서 로이드 존스는 교제의 문제를 해결하기 위해 노력했다. 그는 단지 설교를 통해 교인 수가 증가하는 것으로 만족하지 않았다. 참된 교회가 되려면 교인들 간의 교제가 필수적임을 알고 이를 위해 여러 가지를 시도했다.

강단 사역과 함께 로이드 존스는 회중이 개인들의 집합체 이상이 되려면 변화가 필요하다는 확신을 행동으로 옮겼다. 그는 서서히 수가 증가하는 교회 회원들을 위한 모임을 새롭게 강조하고 … 여름휴가 후 첫 번째 교회 모임에 앞서 '가정에서'라는 비공식 모임에서 모든 교인을 개인적으로 만나려 시도했으며 … 내가 이미 인용한 바 있는 연례 서한에서 교인들이 함께하는 교제의 공동체적 특징을 자주 강조했다. … 좀 더 친밀한 연합을 이루는 일에서 마틴 로이드 존스는 앞서 말한 '교제와 토론을 위한' 금요 모임에 큰 의미를 부여했다.[65]

이러한 노력에도 1950년대 웨스트민스터 채플의 회중은 여전히 서로 잘 몰랐다. 당시 회중에 교회에 등록한 사람보다 그렇지 않은 사람이 더 많았기 때문이다. 그러나 이 시기에 그 회중 가운데 이렇게 말한 사람이 있었다는 점은 주목할 만하다. "웨스트민스터 채플은 가족적인 교회였습니다."[66]

기도회

로이드 존스는 샌드필즈의 경험을 통해 기도회가 교인들 간의 영적 유대를 촉진한다는 것을 알았다. 샌드필즈에서 월요일 저녁에 모이던 기도회는 그에게 매우 중요했다. 기도회를 교회의 영적 삶을 판단하는 척도로 여겼기 때문이다. 그 교회에 부임할 당시 40명가량 모이던 기도회는 머지않아 사람들로 붐비기 시작했다. 베단 로이드 존스는 이 기도회에 대해 이렇게 기록했다.

한두 해 지나자 늘 많은 사람들이 참석했는데, 보통 200~300명 정도였다. 로이드 존스 박사는 기도회 첫머리에 한 사람을 지명해 성경을 한 군데 읽고 기도하라고 했다. 그리고 나면 찬송을 한 곡 부른 후 기도회가 "열렸다." 아무에게도 기도를 강요하거나 요청하지 않았다. 박사는 우리가 겸손하게 기대하면 성령께서 감동과 자극을 주신다고 믿었다. 30분이나 45분쯤 지나고 기도가 끊어진다 싶으면, 박사가 찬송을 한 곡 불렀다. 그러면 기도는 다시 시작되어 30분 정도 계속되다가 그쳤다. 그러나 그때라도, 힘차게 기도하거나 머뭇거리던 사람들이 정말로 기도하고 싶은 경우를 위해 늘 몇 분간 기다려 주었다. 이런 모임은 말로 표현 못 할 만큼 복되었다. 뜨겁고 진지했으며, 이따금 천국 문에 들려 올라가는 느낌이었다.[67]

앞서 말한 대로, 로이드 존스는 부임할 때부터 웨스트민스터 채플에 기도회가 없는 것에 문제의식을 갖고 있었다. 그러다 마침내 기도회를 시작하게 되었다.

캠벨 모건의 즉각적인 동의를 얻은 로이드 존스는 1942년에 교회 기도회를 시작했다. 여름에 해가 길어져 오후 6시에 저녁 예배가 허락될 때는 예배에 앞서 오후 5시 15분에 기도회를 열었다. 그렇지 않으면 주일 오전 11시 공예배에 앞서 10시 15분에 모였다. 이런 모임에 참여할 때 로이드 존스는 간략한 마무리 기도 외에는 소리를 내지 않았다. 대신 늘 다른 사람에게 성경을 짧게 읽고 기도로 시작해 줄 것을 요청했다. 여는 기도와 도고 후에는 남녀 성도가 차례대로 잇따라 기도를 이어 갔다.[68]

로이드 존스가 기도회를 중시한 것은 단지 자신의 경험 때문만이 아니다. 기도하는 것이 성경이 보여 주는 진정한 교회의 모습이라고 믿었기 때문이다. 그는 사도행전 2장 42절을 근거로 사도적 교회는 기도하는 교회임을 강조했다. 그리고 기도회가 교회의 '발전소'로서 복음 전도와 부흥의 원동력임을 믿었다.

예배와 찬송

이안 머레이는 예배자로서 로이드 존스의 모습을 이렇게 기록으로 남겼다.

> 모든 예배에서 그의 전 존재는 집중의 전형이었다. 그는 찬양하는 시간을 결코 회중을 둘러보거나 원고를 보는 기회로 이용하지 않았다. 그의 전임자들 중 한두 사람과 달리, 그는 회중석에 유명 인사가 있는지 알지도 못했고, 신경 쓰지도 않았다. 그는 하나님을 예배하기 위해 그곳에 있었고, 찬송가에서 눈을

들지 않았다. 목사가 사람들에게 친절한 미소를 지어야 한다거나, 몇 마디 사교적인 인사말로 그들이 환영 받는다는 느낌을 갖게 해주어야 한다는 생각은, 기독교 예배의 위엄에 대한 그의 전반적인 개념과는 관계가 없었다.[69]

이러한 모습은 예배에 대한 그의 생각에서 비롯된 것이다. 예배는 하나님께 드리는 것이기에, 하나님을 어떻게 생각하는지가 이처럼 예배의 자세를 좌우한다. 이와 함께 예배에서 목사의 역할을 아는 것도 중요하다.

> 예배는 우리 것이 아닙니다. 사람들은 우리를 보러 오거나 우리를 기쁘게 하려고 온 것이 아닙니다. … 사람들이나 우리들이나 함께 하나님께 예배드리며 하나님과 만나기 위해 모인 것입니다. 우리는 예배가 다른 곳에서 하는 일과 완전히 다르다는 사실을 보여 주어야 합니다. 교회 목사는 자기 집에 손님을 초대한 사람이 아닙니다. 그는 예배의 주인이 아닙니다. 시종일 뿐입니다.[70]

로이드 존스는 예배에서 부르는 찬송에도 세심한 주의를 기울였다. 그리스도인에게 찬송이 얼마나 중요한지 알았기 때문이다. 그는 그 중요성을 이렇게 설명했다.

> 찬양은 참된 그리스도인들의 으뜸이자 주된 특징입니다. 찬양은 그들이 연구하는 철학이 아닙니다. 찬양은 그들이 실천하는 도덕성도 아닙니다. 찬양은 그들이 모든 것, 전부를 하나님의 은혜로 받는다는 인식입니다.[71]

그러므로 그는 설교자라면 마땅히 찬송에 주의를 기울여야 한다고 믿었다.

> 특별한 경우가 아니라면 설교자가 찬송가의 종류뿐 아니라 곡조도 선택해야 한다고 주장하는 바입니다. 그렇지 않으면 두 가지가 서로 어긋날 수도 있기 때문입니다. 박자는 정확하지만 찬송가의 내용과는 어긋나는 곡조들도 있습니다. 그러므로 설교자는 이런 문제들을 관장할 권한을 가지고 있어야 하며, 결코 그 권한을 양보해서는 안 됩니다.[72]

그래서 로이드 존스 자신도 예배 때 부르는 찬송에 신경을 많이 썼다. 이안 머레이의 기록은 그 사실을 잘 보여 준다.

> 그는 어떤 위대한 찬송도 너무 자주 부르는 것을 피하려, 매주일 찬송가 장수를 한눈에 볼 수 있게 종이 한 장에 상세하게 기록했다. 찬송가를 고를 때도 언제나 신경을 많이 썼는데, 전체 예배의 통일성을 고려하기 위해 노력했다. 첫 찬송가의 주제는 주로 '찬양'이었고, 아주 가끔 '기원'이기도 했다. 노래를 인도하는 사람은 없었다. 누군가 인도해야 한다면, 그가 목소리로 인도하는 것이 아니라 본을 보일 뿐이었다. … 두 번째 찬송은 언제나 시편 찬송에서 택했는데, 『회중 찬양집』에는 열여섯 곡만 들어 있어 그 대부분이 다른 많은 찬송가보다 더 자주 쓰였다. … 그는 이 찬송(마지막 찬송)을 특히 신경 써서 골랐는데, 그것이 회개든, 신뢰든, 승리에 대한 기쁨이든 메시지에 대한 회중의 반응을 제시해야 했기 때문이다. 그것은 전체 예배에 대한 '아멘'이 되었다.[73]

요약

마틴 로이드 존스의 설교와 목양은 그 시대의 추세를 거스른 것이었다. 그는 성경과 교회 역사에 근거해 참된 설교와 목양을 확립해 갔으며, 그것을 통해 교회의 영적 회복과 신앙 부흥을 추구했다. 그리고 설교와 기도가 이를 위한 교회의 참된 사역임을 확신했으며, 교회 안에서 영적인 교제의 회복을 위해 부단히 노력했다. 한편 그는 당시에 교회 밖의 사람들을 끌어들이기 위해 교회에서 일반적으로 사용하던 프로그램과 방법을 거부했다. 그러나 자신의 목회를 통해 복음 전도에 힘쓴 결과 많은 사람의 회심을 목격했다. 이처럼 그는 믿음의 선한 싸움을 했다. 오늘날 우리에게도 이런 싸움이 필요하다. 지금은 목회 현장에서 통념과 관습을 깨고, 성경과 교회 역사에 기초해 참된 설교와 목양을 실천할 때다.

"설교자의 권위는 영적인 권위다.
그 권위는 설교자의 학식이나 재능이 아니라 성령에 의해 주어진다.
이런 점에서 로이드 존스가 설교 행위에서 무엇보다 강조한 것은
성령의 능력이다."

찰스 해돈 스펄전

Charles
Haddon
Spurgeon

교리와 신학의 중요성

이안 머레이는 스펄전에 대해 이렇게 말했다.

　스펄전은 여전히 대중적인 설교자로 기억되고 있지만, 그가 목회자와 신학생들에게 끼친 영향이 아마도 그의 생애에서 그 자신의 사역보다 훨씬 더 큰 비중을 차지할 것임은 대체로 잊힌 듯하다. 그가 (목회자) 대학을 세우고, 800명이 넘는 학생의 훈련을 지도하며, 목사들의 연례회의를 관장한 이 모두를 자신의 일생의 수고("나의 다른 모든 일은 이 수고를 위한 기반에 지나지 않는다")와 기쁨("이 기쁨은 내 사역의 성공이 주는 것보다도 뛰어난 것이다")으로 여겼다는 것은 오늘날 잘 알려지지 않은 사실이다.[74]

이처럼 스펄전은 한 사람의 뛰어난 목회자일 뿐 아니라 많은 목회자를 길러낸 인물이기도 하다. 그가 신학생과 목회자들에게 끼친 영향은 다른 사람들에게 끼친 영향 못지않게 중요하다. 이런 점에서 우리는 그의 삶과 목회에 특별히 주목할 필요가 있다. 그는 설교뿐 아니라 목회 전반에 대한 개인적인 모범과 실제적이고 풍부한 가르침을 제공했다. 그가 남긴 이러한 목회적 유산은 여러 책을 통해 오늘날까지 전해 내려오고 있다.[75]

스펄전은 당대에 유행하던 신학 풍조나 목회 관행을 따르지 않았다. 그는 정규 신학 과정을 거치지 않았음에도 교리와 신학의 중요성을 누구보다도 잘 알았다. 이안 머레이는 스펄전의 설교를 읽으면 읽을수록 그가 잊힌 사람이라는 확신이 깊어졌다고 말했다. 그의 사역에서 가장 중요한 부분 중 일부가 잊혔기 때문이다. 그것은 바로 그의 신학이다. 이안 머레이는 이렇게 말했다.

스펄전을 그 당대의 많은 사람 중에서 두드러지게 만든 것은, 그의 모든 설교가 명확한 진리의 틀, 즉 워낙 성경적이어서 크고 좁은 범위 내에서 충분히 진술될 만큼 단순한 틀에서 나왔다는 점이다. 스펄전은 자신의 믿음을 명확한 고백의 형태로 진술할 수 있었을 뿐 아니라 실제로 그렇게 했으며, 그의 설교는 비록 다양하고 성경 전체의 넓은 범위에 걸쳐 있었지만, 그가 주장하는 복음 진리의 체계에 닿지 않은 것은 결코 없었다.[76]

이와 관련해 아놀드 델리모어(Arnold Dallimore)의 이런 평가에도 주목할 필요가 있다.

> 스펄전은 무엇보다도 신학자였다는 사실을 인정해야 한다. 글을 읽기 시작할 때부터, 성경에 계시된 거대한 신학 체계에 관한 지식을 머리와 가슴에 꾸준히 쌓기 시작했을 때부터 그는 성경의 큰 교리들을 깊이 생각했다. 런던 사람들은 그가 말하는 방식만큼이나 내용에도 매우 놀랐으며, 이러한 교리 체계는 그가 사역하는 내내 나타난 뚜렷한 특징이었다.[77]

그의 설교가 지속적으로 많은 사람을 끈 힘이 바로 여기에 있다. 스펄전 자신도 이렇게 말했다. "사람들이 내게 오는 이유는 딱 한 가지다. 나는 그들에게 칼빈주의 신조와 청교도 도덕을 설교한다."[78]

오늘 우리가 스펄전의 설교와 목양을 살펴보는 일은 중요하다. 그것은 그가 남겨 준 풍부한 목회적 유산과 칼빈주의에 입각한 그의 목회에 임한 부흥 때문이다.

생애

출생에서 회심까지

스펄전은 1834년 영국 에식스의 켈버돈에서 출생했다. 그의 부모는 스펄전이 생후 10개월이 되었을 때 콜체스터로 이사했다. 거기서 스펄전의 아버지는 어느 석탄 상인의 사무원으로 일하면서, 주일마다 그곳에서 14킬로미터 떨어진 톨스베리의 회중교회에서 설교했다. 콜체스터로 이사한 지 넉 달 만에 스펄전은 스탬본에 있는 할아버지 집으로 보내져 그곳에서 자랐다. 그의 할아버지는 그곳 회중교회 목사였다. 스탬본에서 스펄전은 고모에게서 읽기를 배웠고, 할아버지 서재에 있던 청교도 헨리 하버스의 장서를 접하게 되었는데 여기에는 존 번연의 『천로역정』도 있었다.

1840년 콜체스터로 돌아온 스펄전은 쿡 부인이 운영하는 작은 학교에서 교육을 받았다. 이 시기의 스펄전에 대해 그의 아버지는 이렇게 말했다.

스펄전은 항상 책을 읽고 있었다. 결코 다른 아이들처럼 텃밭을 일구거나, 비둘기를 지키거나 하지 않았다. 책에서 눈을 뗀 적이 없었다. 아내는 스펄전을 찾고 싶으면 내 서재로 갔다. 그러면 스펄전은 틀림없이 내 서재에서 독서삼매에 빠져 있었다.[79]

1844년 스펄전은 스톡웰 학교로 옮겼고, 4년 후에는 런던 동남쪽 메이드스톤에 있는 세인트 어거스틴 농업학교에 입학했다. 이 학교에서 1년 동안 공부한 스펄전은 다시 케임브리지서의 뉴마켓에 위치한 학교로 옮겼다. 거기서 그는 보조 교사로 일하면서 공부했다.

1844년 스펄전은 할아버지 집을 방문하던 중 선교사 리처드 닐을 만났다. 닐은 스펄전의 장래에 대해 예언함으로써 그에게 구원에 대한 갈망을 일으켰다. 이와 함께 그는 죄에 대한 가책을 느끼기 시작했다. 이러한 가책은 그를 5년 동안 괴롭혔다. 델리모어는 회심 전 스펄전이 겪었던 가책의 중요성에 대해 이렇게 말한다.

그러나 이 사건이 있기 전에 죄를 깨닫고 구원을 갈망하는 길고 쓰라린 시간이 있었는데, 이에 대해서는 대체로 언급되지 않는다. 그러나 스펄전은 이 경험을 아주 중요하게 여겨 설교 시간에 자주 언급했을 뿐 아니라 자서전에서 여기에 한 장 전체를 할애하기도 했다.[80]

뉴마켓에서 지내던 시절, 깊은 신앙의 가책을 느끼던 스펄전은 1850년 1월 6일 회심을 경험했다. 뉴마켓의 학교에 열병이 돌아 콜체스터 집으로 돌아와 있던 스펄전은, 주일 아침의 폭설로 톨스베리에 있는 아버지의 교회에 갈 수 없었다. 그래서 그는 아틸러리 스트리트 원시감리교회로 가게 되었다. 그날은 그 교회 목사를 대신해 한 남자 권사가 설교했다. 설교 본문은 이사야 45장 22절이었다. "땅끝의 모든 백성아 나를 앙망하라 그리하면 구원을 얻으리라 나는 하나님이라 다른 이가 없음이니라"(개역한글판). 설교자는 이 말씀대로 그리스도를 앙망하라(바라보라)고 외쳤고, 스펄전은 즉시 그렇게 했다. 그 순간 구원의 은혜가 그에게 임했다. 스펄전은 이날 일어난 일에 대해 자서전에 이렇게 기록했다.

저는 그 예배당에 10시 30분에 들어갔고 그곳을 나와 12시 30분에 집에 돌아왔습니다. 그 사이에 제 속에 놀라운 변화가 일어났습니다. 그저 예수님을 바라봄으로써 저는 절망에서 건

짐을 받았고, 너무나 놀라운 마음의 기쁨을 얻었습니다.[81]

이러한 스펄전의 회심은 어머니의 훈육과 기도에 힘입은 바가 크다. 스펄전은 어머니에 대해 이렇게 썼다.

훌륭하신 어머니가 들려주신 귀하고 귀한 말씀에 얼마나 많은 빚을 졌는지 모릅니다. … 어머니가 이렇게 기도하시던 모습이 떠오릅니다. "주님, 만약 제 자녀들이 계속 죄에 빠져 산다면, 자신들이 멸망할 것을 몰라서가 아닐 것입니다. 그러니 만약 제 자녀들이 그리스도를 붙잡지 않는다면, 제아무리 어미라도 심판 날에 결국 자식에게 불리한 증언을 가차 없이 해야 할 것입니다." 어머니가 저를 거슬러 신속하게 증언하셔야 한다는 생각에 양심이 찔렸습니다. … 어머니가 무릎을 꿇고 두 팔로 내 목을 안은 채, "제 아들이 주님 앞에 살게 하소서!"라고 기도하던 광경을 어떻게 한시라도 잊을 수 있겠습니까?[82]

소명과 워터비치의 소년 설교가

뉴마켓으로 돌아온 스펄전은 회중교회에 등록하고, 얼마 지나지 않아 켄들로우라는 침례교 목사를 통해 침례를 받았다. 비록 할아버지에게 이미 유아세례를 받았지만, 자신의 믿음에 근거해 세례를 받는 것이 성경 말씀에 순종하는 것이라고 확신했기 때문이다. 그곳에서 그는 전도책자 배포하는 일을 시작했고, 나중에는 주일학교 교사로서 매 주일 설교하게 되었다. 이 무렵 그의 일기에는 그가 목회에 대한 소명을 느끼고 있었음이 나타난다.

1850년 8월 스펄전은 케임브리지로 이사했다. 콜체스터에서 그를 가르쳤던 리딩 씨가 세운 학교에서 보조 교사로 가르치며 공부하기 위해서였다. 이곳에서 그는 세인트 앤드류 스트리트 침례교회에 등록했다. 거기서도 주일학교에서 설교하게 되었고, 주변 마을을 방문해 말씀을 전하는 평신도 설교자 협회에도 속하게 되었다. 1850년 가을 어느 주일 저녁, 그는 케임브리지에서 5킬로미터 떨어진 테버샴을 방문해 오두막에 모인 가난한 농부 몇 사람에게 설교하게 되었다. 이 일은 스펄전에게 사역의 시작을 의미했다. 그 후로 스펄전은 주말이나 주중 저녁에 마을들을 방문해 설교했다. 이 무렵 그는 학생들을 가르치면서, 할 수 있는 대로 신학 서적을 읽고 공부했다.

1851년 10월 스펄전은 케임브리지에서 10킬로미터쯤 떨어진 워터비치 침례교회에서 설교하게 되었고, 이듬해 1월에는 그 교회의 요청으로 목사가 되었다. 처음에 40명가량이던 회중은 2년 후 400명이 넘게 되었고, 많은 사람이 회심하며 악명 높던 마을 전체가 놀랍게 변화되었다.

런던 뉴 파크 스트리트 교회

1853년 스펄전은 케임브리지 주일학교 연합회에서 강연하게 되었는데, 마침 이 모임에 참석한 조지 굴드라는 사람이 그에게서 깊은 인상을 받고는 런던에 사는 친구 윌리엄 올니에게 그를 소개했다. 올니는 뉴 파크 스트리트 침례교회 집사로, 당시 그 교회에는 목사가 없었다. 그래서 그 교회는 스펄전에게 주일 설교를 해달라고 초청했다. 그해 12월 스펄전은 그 교회를 방문해 설교했고, 이듬해 1월에도 설교를 위해 그곳을 찾았다. 결국 그는 1854년 4월 28일 그 교회의 청빙을 수락했다.

스펄전이 런던에서 사역을 시작한 뒤로, 200명 정도 모이던 이 교회는 빠르게 성장해 1천200석 예배당이 차고 넘치게 되었다. 그 결과 교회는 시설을 확장해야 했고, 이를 위해 임시로 5천 명을 수용할 수 있는 엑시터 홀(Exeter Hall)에서 예배를 드렸다. 그러나 엑시터 홀도 곧 몰려드는 군중으로 넘쳐났다. 수개월 후 확장 공사가 마무리되어 뉴 파크 스트리트 교회로 돌아왔지만, 회중은 2천 명까지 수용할 수 있는 시설로는 이미 감당하기 어려웠다. 그래서 얼마 후 주일 오전 예배만 교회에서 드리고, 저녁 예배는 다시 엑시터 홀에서 드리게 되었다.

이 무렵 스펄전은 런던 이외의 지역에서 설교해 달라는 초청을 많이 받았다. 그러나 이러한 놀라운 성공 못지않게 사람들의 비난도 많이 있었다. 이런 가운데 그는 1856년 1월 8일 수산나 톰슨과 결혼했다.

엑시터 홀을 더는 사용할 수 없게 되었을 때, 스펄전은 1만 개의 좌석을 갖춘 로열 서리 가든스 음악 홀을 빌리기로 했다. 그런데 1856년 10월 19일 주일 저녁 예배를 처음 그곳에서 드리던 중에, 사람들이 꾸민 소동으로 7명이 죽는 참사가 일어났다. 이 사건의 충격으로 스펄전은 그다음 주일에 강단에 설 수 없었다. 그러나 "이러므로 하나님이 그를 지극히 높여 모든 이름 위에 뛰어난 이름을 주사"(빌 2:9)라는 말씀을 통해 곧 회복했다. 그는 한 설교에서 그때의 일을 이렇게 언급했다.

> 나의 비참함에 대해 묵상하면서 혼자 걷고 있었습니다. … 갑자기 예수의 이름이 내 마음에 섬광처럼 스쳤습니다. 그리스

도의 인격이 내게 보였습니다. 나는 가만히 섰습니다. 내 영혼의 불타는 용암이 식었습니다. 나의 고뇌들이 조용해졌습니다. 나는 엎드렸습니다. 나에게 겟세마네 동산 같았던 정원은 낙원으로 변했습니다![83]

이 사건은 스펄전의 신경계에 심각한 후유증을 남겼지만, 이 일로 인해 그는 그리스도의 영광을 위해서라면 사람들의 욕설도 기꺼이 감내하겠다고 결단하게 되었다.

1856년 11월 23일부터 1859년 12월 11일까지 주일 오전 예배는 서리 음악 홀에서 드리고, 저녁 예배는 뉴 파크 스트리트 채플에서 드렸다. 이 기간에 스펄전의 관심은 진정한 부흥에 있었다. 그는 1857년 한 설교에서 "나는 우리가 이미 부흥의 시작을 목도했다고 생각합니다"[84]라고 말했다. 그러나 1859년 말에는 이렇게 말할 수 있었다.

주님의 임재를 통해 새롭게 되는 시대가 마침내 이 땅에 밝았습니다. 더 많이 행동하고 더욱 열심을 내는 모습이 사방에서 나타납니다. 기도의 영이 교회에 임하고 있습니다. … 강력한 바람의 첫 숨결이 이미 감지되었습니다. 복음전도자들이 일어

날 때, 불의 혀처럼 갈라지는 것이 분명하게 임했습니다.[85]

서리 음악 홀에서 드리던 예배는 그곳 소유주들이 주일에 놀이 공원을 개장하기로 결정하면서 다시 엑시터 홀로 장소를 옮기게 되었다.

메트로폴리탄 태버나클(Metropolitan Tabernacle)

스펄전이 런던에서 목회한 지 2년이 지났을 때, 교회는 몰려드는 사람들로 인해 새 예배당을 건축하려는 계획을 세웠다. 그 후 템즈강 남부의 뉴잉턴에서 부지를 매입하고, 1859년 8월 16일 착공 예배를 드렸다. 3천600석의 좌석 외에 2천 명을 수용할 수 있는 보조 의자와 입석 공간을 갖춘 이 새 예배당은 '메트로폴리탄 태버나클'이라고 이름 붙였다. '메트로폴리탄'은 런던이라는 도시 전체에 대한 사명을 표현한 것이고, '태버나클'(장막)은 세상의 나그네로서 일시적으로 사용할 건물임을 의미했다. 이 예배당에서의 첫 예배는 1861년 3월 31일 부활 주일 저녁에 드려졌다. 스펄전은 1892년 사망할 때까지 이곳에서 사역했다. 그는 여기서 설교 외에도 다양한 사역을 했다. 그중에서 그가 특별히 관심과 노력을 기울인 것은 두 가지다.

목회자 대학

스펄전의 런던 목회 첫해에 토머스 메더스트가 회심했다. 메더스트는 이듬해 1855년부터 매주 한 차례 스펄전을 찾아와 신학을 배웠다. 1857년 또 다른 학생이 생겼고, 그 숫자가 늘면서 목회자 대학이 세워지게 되었다. 이 대학은 강력한 설교자를 준비시키는 것이 목적이었다. 이를 위해 이 대학은 칼빈주의적이고 청교도적인 신학을 견지했다. "효과적인 설교자가 되려면 건전한 신학자가 되어야 한다"[86]는, 스펄전이 늘 학생들에게 강조한 좌우명이었다. 스펄전은 이 대학이 메트로폴리탄 태버나클로 옮겨온 후 금요일 오후 강의를 시작했고, 그 내용 중 일부는 후에 『목회자 후보생들에게』(*Lectures to My Students*, 크리스천다이제스트)라는 책으로 출간되었다. 1865년 목회자 대학의 연례회의가 시작되었으며, 1874년에는 대학을 위한 독립된 건물이 지어졌다. 이 대학은 스펄전이 죽기 전 1891년까지 845명의 졸업생을 배출했다.

월간지 《검과 삽》

1865년 스펄전은 월간지 《검과 삽》을 처음으로 발행했다. 창간

호에서 그는 이 월간지를 발행하게 된 이유를 이렇게 밝혔다.

> 우리는 하나님을 영화롭게 하려는 우리의 많은 계획을 신자들에게 알리고 도움을 구하는 소통 수단이 필요하다고 느낍니다. … 우리의 주목적은 신자들로 행동하게 하고, 신자들에게 하나님나라를 확장하는 계획을 제시하는 것입니다. … 우리는 예루살렘의 무너진 성벽을 다시 쌓기 위해 지치지 않는 손으로 삽을 부지런히 움직일 테고, 진리의 대적에 맞서 용감하게 힘껏 검을 휘두를 것입니다.[87]

그는 이 월간지의 편집자로서 모든 기사를 직접 읽고 대부분의 서평을 썼으며, 더 잘 만들기 위해 최선을 다해 노력하고 시간을 투자했다.

내리막길 논쟁

스펄전이 목회하던 때는 교리적 무관심이 교회에 팽배했다. 데이비드 킹던(David Kingdon)은 당시의 상황을 이렇게 설명한다.

교회들이 많은 영혼을 그리스도께로 인도하는 일을 선호한 나머지, 교리에 대한 관심은 부차적이었다. 교리보다는 실제적인 기독교 신앙을 강조했다. 복음을 규정하는 일에 대해서도 점차 소홀해졌다. 그리스도를 증거하는 일은 중요시했지만, 어떤 그리스도를 증거할 것인지에 관해 깊이 생각하는 사람은 별로 없었다. 그리스도인의 삶이 기독교 교리와 점차 분리되고 있었다. 교리가 경험을 형성시키기보다는, 경험에 의해 형성되는 자료가 바로 교리인 것으로 여겼다. 따라서 '경험'을 기준으로 삼는 경향이 지배적인 반면에, 교리들은 경험에 기초한 식견 정도로 간주되었다. 하나님의 계시가 무엇인가에서 사람이 무엇을 만들 수 있는가로 강조점이 옮겨졌다.[88]

또 이 시기에는 과학을 비롯한 여러 분야에서 괄목할 만한 진전이 이루어졌다. 1859년 찰스 다윈이 『종의 기원』을 출간한 것은 이런 상황과 무관하지 않다. 이런 시대 흐름에서 성경 해석에 대한 새로운 접근과 영감에 대한 새로운 정의가 등장했다. 이른바 고등 비평이 신학교와 교회 강단에 영향을 미치기 시작한 것이다. 그 결과 죄인의 영원한 형벌, 그리스도의 신성, 그리스도의 대속, 성경의 무오성 등의 교리를 부정하는 일이 벌어졌다.

이런 현상은 스펄전이 속해 있던 침례교 연맹에서도 일부 나타났다. 그래서 그는 참된 교리적 기초를 갖추지 못한 침례교 연맹에 복음주의적 입장을 담은 신앙 선언을 채택하도록 요구했지만 실패했다. 이런 상황에서 스펄전은 1887년 《검과 삽》 8월호에 "내리막길 논쟁에 대한 첨언"이란 제목의 글을 실었다. 이 글에서 그는 이렇게 말했다.

새로운 종교가 생겼습니다. 그러나 분필이 치즈가 아니듯, 이 종교는 기독교가 아닙니다. 도덕적 정직성이 빠진 이 종교는, 자신은 옛 신앙을 조금 개선한 것일 뿐이라고 속이고, 이런 속임수로 복음 전파를 위해 세워진 강단을 찬탈합니다. 대속은 조롱당하고, 성경의 영감은 비웃음을 사며, 성령은 한낱 영향력으로 전락하고, 죄에 대한 형벌은 허구로, 부활은 신화로 바뀝니다. … 교리가 거짓되면 뒤이어 영적인 삶도 자연히 쇠퇴하는데, 이것은 의문스러운 오락을 좇고 신앙적인 모임이 약해지는 데서 분명하게 드러납니다. … 이제 심각한 문제가 되었습니다. 성도에게 단번에 주신 믿음을 지키는 사람들이 다른 복음으로 넘어간 사람들과 얼마나 가까이 지내야 하겠습니까? 그리스도인은 사랑해야 마땅하고, 분열을 통탄할 악으로 여기고 피해야 합니다. 그러나 우리가 진리에서 떠나는 자들과 얼마나 계속 연합해야겠습니까?[89]

이 후에도 그는 세 편의 글을 더 실었고, 1887년 10월 침례교 연맹을 탈퇴했다. 근본적인 교리가 다른 사람들과 진정한 교제를 나누기란 불가능하다고 생각했기 때문이다. 그는 자신의 입장을 이렇게 설명했다.

> 우리의 싸움은 속죄의 제사를 포기하고, 성경의 영감을 부인하고, 이신칭의를 비방하는 자들과의 싸움이다. 지금의 싸움은 칼빈주의 혹은 아르미니우스주의라는 문제에 대한 것이 아니라, 하나님의 진리 대 인간의 고안물이라는 문제에 대한 것이다.[90]

침례교 연맹 이사회는 스펄전이 탈퇴를 철회하지 않을 것을 알고, 1888년 1월 18일 그에 대한 사실상의 탄핵을 가결했다. 그해 4월 열린 총회가 모호한 신앙고백을 압도적인 지지로 채택함으로써, 스펄전은 침례교 연맹의 개혁이 절망적이라는 사실을 더욱 확신하게 되었다. 그 결과 그는 기존의 목회자 대학 콘퍼런스를 해체하고,

분명한 교리적 선언에 기초한 새로운 콘퍼런스를 조직했다. 이 논쟁은 그가 죽음에 이르기까지 5년간 이어졌다.

설교

설교 준비

본문 선택

스펄전은 연속 강해 설교라는 방식을 따르지 않았다. 그런 방식으로 청중의 관심을 이어 갈 수 있는 특별한 은사가 자신에게는 없다고 느꼈기 때문이다. 그러나 거기에는 좀 더 적극적인 이유가 있다. 그는 목회자 대학에서 이렇게 가르쳤다.

중요한 것은 설교자가 그의 설교 주제와 조화를 이루어야 한다는 점입니다. 그러나 주제를 선택하는 일이 그때그때마다 설교자의 자유로 맡겨지지 않는 이상 어떻게 그럴 수가 있겠습니까? … 설교자가 미리 자기의 나아갈 길을 정해 놓은 상태에서 어떻게 하나님의 성령의 인도하심에 의존할 수 있는가 하는 문제도 해결하기가 쉽지 않습니다.[91]

스펄전은 본문 선택의 문제를 매우 중요하게 생각했다. 모든 본문이 유익하더라도 모든 상황에서 똑같이 적절한 것은 아니기 때문이다. 그는 시기에 적절한 본문을 고르기 위해 애썼다. 그리고 자신이 겪는 고충을 이렇게 실토했다.

> 여러분에게 고백합니다만 저는 아직도 본문을 선택하는 일에 정말로 큰 어려움을 겪고 있습니다. … 저는 여러 시간씩 앉아서 기도하며 설교의 주제를 주시기를 기다리는 때가 많습니다. 그리고 이것이 제 연구의 주요 부분입니다.[92]

이처럼 스펄전이 본문 선택에서 가장 중요하게 여긴 것은 기도다. 그는 성령께서 적절한 본문을 주시도록 늘 기도했다. 이와 함께 그는 교인들의 필요를 살펴 본문을 정했다. 그래서 그들에게 문제가 되는 죄가 무엇인지, 또 자신이 성경에서 소홀히 다룬 부분은 없는지 늘 생각했다. 그는 항상 훈련에 임하는 자세로 본문 선택의 문제를 해결해 나갔다.

내용과 구성

스펄전은 설교의 내용이 풍성해야 한다는 점을 강조했다. 참된 설교의 가치는 설교의 방식보다 내용에 있다고 믿었기 때문이다. 그는 설교자의 신학적 무지가 가져오는 비참한 결과를 이렇게 경고했다.

> 형제 여러분, 여러분은 신학자여야 합니다. 그렇지 못하면, 여러분은 목회지에서 아무것도 아닙니다. 언변이 좋고 세련된 언어를 구사하는 연설가일 수는 있습니다. 그러나 복음에 대한 지식이 없고 또한 복음을 가르칠 능력이 없으면, 여러분은 그저 소리 나는 구리와 울리는 꽹과리에 불과한 존재일 뿐입니다. 말이 많은 것이 그저 신학적 무지를 덮어 주는 무화과나무 잎사귀 이외에 아무것도 아닐 경우가 비일비재합니다.[93]

이와 함께 그는 설교의 내용이 본문에 근거해야 함을 강조했다. 성경이 영감된 하나님의 말씀이라고 확신했기 때문이다. 그는 설교자가 어떻게 성경을 다루어야 하는지, 곧 설교자는 자신의 생각을 위해 성경을 이용하는 것이 아니라, 성경에 나타난 성령의 생각에 충실해야 한다고 가르쳤다. 이에 대해 그가 한 말은 설교자라면 매우 주의 깊게 살펴볼 필요가 있다.

여러분, 영감된 하나님의 말씀은 말 많은 수다쟁이가 마음대로 뛰어다니도록 도와주기 위하여 주어진 것이 절대로 아닙니다.

다양성을 유지하는 가장 확실한 방법은 본문 하나하나에 나타난 성령의 생각에 충실한 것입니다. 두 본문이 정확하게 일치하는 것은 없습니다. 똑같이 보이는 본문도 주변의 문맥의 흐름 속에서는 무언가 다른 내용이 담겨 있습니다. 성령의 궤적을 그대로 따라가십시오. 그러면 절대로 똑같은 내용을 반복하게 되거나 설교의 주제가 결핍되는 일이 없을 것입니다. 그의 길이 풍성한 것들을 줄 것입니다. 더욱이 설교가 하나님의 말씀 그 자체일 때에는—성경에 대한 강론이 아니라 성경 그 자체가 열리고 힘 있게 선포될 때에는—듣는 이들의 양심에 훨씬 더 큰 능력으로 다가옵니다. 어느 한 구절에 근거하여 설교한다고 하면서 여러분 자신의 생각들을 전개하기 위하여 그 말씀을 옆으로 제쳐 두지 않는 것은 그것이 과연 위엄 있는 영감된 말씀이기 때문입니다.

형제 여러분, 여러분이 본문으로 삼은 성경 말씀의 정확한 의미를 따라가는 습관을 지키고 계시다면, 성령의 말씀 그 자체(*ipsissima verba*)를 그대로 따라가시기 바랍니다. 제목 설교가 허용되기도 하고, 또 어떤 경우에는 매우 적절하기도 하지만, 성령의 정확한 말씀 하나하나를 해명하는 설교들이 회중들 대부분에게 가장 유익하고도 가장 적절합니다. 그들은 말씀 그 자체가 설명되고 해명되는 것을 원하고 있습니다.[94]

스펄전은 설교의 내용뿐 아니라 구성에도 관심을 기울였다.

또한 정신적인 건축의 법칙을 따라서 주제를 잘 정돈시키는 것이 중요합니다. … 생각이 계속해서 올라가고 쌓여 가도록 해야 합니다. 한 층의 가르침이 또 한 층의 가르침으로 이어지도록 해야 합니다. 추리를 차례대로 진행하도록 해야 합니다. … 설교에서는 모든 것이 각기 제자리가 있습니다. 진리가 아무렇게나 마구 쏟아져 나오도록 해서는 절대로 안 됩니다. 여러분의 생각들이 마치 폭도들처럼 마구 돌진하게 하지 마십시오. 가지런히 정렬된 군대처럼 행진하도록 만들어야 합니다.[95]

그가 이렇게 설교의 구성을 중요시한 것은 그 내용이 잘 전달되도록 하기 위함이다. 그는 진리를 논리적으로 질서 있게 제시할 때 청중이 더 잘 받아들이고 기억한다는 것을 알았다.

설교문 작성

스펄전은 자신의 설교 작성 방법에 대해 이런 요지로 말한 적이 있다.

> 형제 여러분, 내가 나의 설교 작성 방법을 정확히 말하기란 쉽지 않습니다. 나는 한 주간 내내 안식일에 쓸 수 있는 자료를 찾습니다. 그러나 그것을 실제로 정리하는 일은 부득이 토요일 저녁까지 남겨 둡니다. 다른 모든 순간은 주를 섬기는 데 사용하기 때문입니다. … 성경의 어떤 구절이 실제로 내 마음과 영혼을 사로잡으면, 곧 나는 거기에 온통 주의를 집중해 원문의 정확한 의미를 살피고 문맥을 자세히 검토한 뒤 그 상황에서 본문의 특별한 관점을 파악합니다. 그다음 그 주제와 관련해 떠오르는 모든 생각을 대충 적어 두고, 청중에게 제시하기 위해 그것을 질서 있게 정리하는 것은 나중으로 남겨 둡니다.[96]

이 설명에 따르면, 스펄전은 설교 원고를 완벽하게 기록하기보다 잘 정리된 설교 개요를 준비한 것으로 보인다. 제프 토머스(Geoff Thomas)는 "스펄전은 간략한 설교 개요만 들고 강단에 서서 원고 없이 설교했다"[97]고 말한다. 그럼에도 스펄전은 목회자 대학에서 설교문을 자주 쓸 것을 권했다. 그는 설교문을 써야 하는 이유를 보튼(M. Bautain)의 말로 설명했다.

그런데 이처럼 마음의 눈에 보이는 사상의 분석은 오로지 글로 써야만 잘 시행할 수 있는 법이다. 펜이 사상들을 도려내는 예리한 칼이므로, 여러분이 마음으로 바라보는 것을 글로 쓰지 않으면 절대로 거기에 담겨 있는 모든 내용을 분명하게 분간해 낼 수 없고, 그것을 전체적으로 체계적으로 바라볼 수 없는 것이다. 그렇게 해야만 여러분 스스로도 이해하고, 다른 사람도 이해하게 만들 수 있는 것이다.[98]

결론적으로 스펄전이 추천한 설교 방법은 이것이다.

가장 바람직한 방법은 여러분의 정신을 설교의 주제로 가득 채우는 것이요, 그다음에 현장에서 가장 적절한 언어로 그것을 표현해 내는 것입니다. 이것은 즉흥 설교가 아닙니다. 언어는 즉흥적이지만, 그 내용은 연구와 조사의 결과입니다. 생각이 없는 사람들은 그것이 쉽다고 생각합니다. 그러나 그것은 가장 수고가 많이 들어가고 또한 가장 효과적인 설교법입니다.[99]

이와 관련해 스펄전이 설교문 작성에서 중요하게 생각한 것은, 철저하게 준비된 내용을 전하기 위해 최대의 노력을 기울여야 한다는 점이다. 그는 준비 없는 설교에 대해 이렇게 경고했다.

준비 없는 설교의 방법은 현실적으로는 실패요, 이론적으로는 불건전합니다. 성령께서는 즉석 설교를 통해서 성도들에게 영적 양식을 공급하시겠다고 약속하신 일이 없습니다. 우리가 스스로 할 수 있는 일을 성령께서 우리를 위해서 대신 하시는 법이 없습니다. 연구할 수 있는데도 연구를 하지 않고, 연구가 수반된 사역을 할 수 있는데도 그렇게 하지 않고서, 우리의 게으름이나 비정상적인 행위로 인한 결손 부분을 하나님의 성령께서 채워 주시기를 바랄 권리는 우리에게 없습니다.[100]

스펄전은 덜 준비된 설교일수록 더 시간을 끄는 경향이 있음을 관찰했다. 그래서 그는 설교의 시간에 대해 이렇게 조언했다.

어떻게 하면 설교를 짧게 줄일 수 있느냐고 물으신다면, 저는 설교 내용을 더 잘 연구하라고 대답할 것입니다. 서재에서 더 많은 시간을 보내십시오. 그러면 강단에서 시간이 덜 필요하게 될 것입니다. 대개의 경우, 말할 내용이 가장 적을 때에 시간을 가장 오래 끄는 것을 봅니다. 주제를 아주 잘 준비한 사람은 사십 분을 넘지 않을 것입니다.[101]

설교 전달

음조(音調)

스펄전은 단조로운 음조(소리의 높낮이와 강약, 빠르고 느린 정도)가 청중의 피로를 가중한다는 점을 지적했다. 그래서 그는 효과적인 전달을 위해 성량과 음색, 말하는 속도에 변화를 줄 것을 권장했다.

주목을 받기 위해서는, 할 수 있는 대로 태도가 좋아야 합니다. 예를 들어서 음성이 단조로워서는 안 됩니다. 계속해서 음성에 변화를 주어야 합니다. 말의 속도에도 변화를 주어야 합니다. 번갯불처럼 빨리 말을 하다가, 조용하고도 나직하게 천천히 말을 하는 것입니다. 강약에도 변화를 주고, 강조점을 적절히 강조하고, 노래를 부르듯이 하지 마십시오. 목소리의 높낮이에도 변화를 주어서, 때로는 베이스음을 사용하다가, 갑자기 천둥 치듯이 높은 음을 사용하는 것입니다.[102]

그러나 설교자에게 음조보다 중요한 것이 내용이다. 스펄전은 음조가 불완전하더라도 다루는 내용만으로 충분히 주목을 끌 수 있어야 한다고 생각했다.

진지함

스펄전은 진지함이 강단 사역의 성패를 좌우한다고 믿었다. 그는 목회자 대학의 학생들에게 이렇게 가르쳤다.

> 목사가 그리스도를 위하여 영혼들을 얻는 데에 성공을 거두는 가장 필수적인 덕목은 무엇인가라고 묻는다면, 저는 '진지함'(earnestness)이라고 대답할 것입니다. 그리고 이 질문을 두 번 세 번 묻는다 해도, 저는 대답이 바뀌지 않을 것입니다. 왜냐하면 저 개인적으로 관찰한 결과, 대체로 진정한 성공은 설교자의 진지함과 비례한다는 결론에 이르게 되었기 때문입니다. … 형제 여러분, 여러분과 저는 설교자들로서 우리의 강단 사역에서 항상 진지해야 합니다. 이 문제에서 우리는 최고의 탁월함에 이르기를 힘써야 할 것입니다. 저는 형제들에게 강단이야말로 기독교계의 테르모필레(Thermopylae: 기원전 480년, 스파르타군이 페르시아군에게 패한 그리스의 산길)라는 말을 자주 해왔습니

다. 싸움에 지느냐 이기느냐가 바로 거기에서 판가름 나는 것입니다. 우리 목사들에게는 강단에서 우리의 능력을 어떻게 유지하느냐 하는 문제가 초미의 관심사여야 합니다.[103]

그렇다면 이러한 진지함은 언제 생기는가? 설교자 자신이 먼저 설교의 내용에 사로잡힐 때다. 그래서 스펄전은 이렇게 말했다.

여러분 스스로 관심을 가져야 합니다. 그래야 다른 사람들도 관심을 갖게 될 것입니다. 여러분이 다루는 내용이 여러분 자신에게 너무나도 중요한 것으로 와 닿은 나머지, 여러분의 모든 것을 다 쏟아서 그것을 전달하게 되어야 합니다. 그래야 그 주제가 여러분의 마음을 사로잡았다는 것을 청중이 깨닫게 되고, 그리하여 그들도 거기에 사로잡히게 될 것입니다. … 로메인(William Romaine: 1714~1795)은, 설교의 '기법'(art)을 이해하는 것은 좋은 일이나, 그보다 설교의 '마음'(heart)을 아는 것이 무한히 더 낫다는 말을 하곤 했는데, 과연 그 말에 적지 않은 무게가 실려 있습니다. 설교의 마음을 알고 영혼을 그 속에 몰입시키고, 목숨 그 자체를 던져서 진지하게 행한다면, 사람들의 주목을 얻는 일을 절반은 이미 이룬 것이나 다름없습니다.[104]

성령의 능력

스펄전은 목회자로서 성령의 필요성을 누구보다 깊이 인식했다.[105] 그는 죽기 전 마지막 목회자 대학 콘퍼런스에서 이렇게 말했다. "형제 여러분, 우리 자신과 우리 자신의 일에 관하여 성령님을 진실로 믿고 있습니까? 아니면 우리가 평소에 그 교리의 진리를 입증해 보이고 있기 때문에 믿고 있는 것입니까?"[106] 그는 설교 준비뿐 아니라 그 전달과 결과에서도 성령의 능력에 의지할 것을 강조했다.

여러분이 성령으로 옷 입으면, 주목을 끄는 일이 전혀 문제가 되지 않습니다. 골방에서 하나님과 교통 가운데 있는 상태 그대로 신선하게 나아와서 하나님을 위하여 여러분의 마음과 힘을 다하여 말씀을 전하는 것입니다. 그러면 청중을 압도할 만한 능력이 여러분에게 임할 것입니다. 황금 사슬이 여러분의 입 속에 있어서 그들을 완전히 묶어 둘 것입니다. 하나님께서 말씀하시면 사람들이 반드시 듣게 되어 있습니다. 그저 비천하고 연약한 사람을 통해서 말씀하신다 해도, 진리의 위엄이 그들을 사로잡아서 하나님의 음성을 깨닫지 않을 수 없게 되는 것입니다. 초자연적인 능력이야말로 여러분이 의지해야 할 것입니다. 언변에 완벽을 갖추십시오. 지식의 모든 분야에서도 최선을 다하십시오. 설교의 내용과 표현법에 세심한 주의를 기울이십시오. 그러나 동시에 기억해야 할 것은, 사람이 중생하거나 성화되는 일은 "힘으로 되지 아니하며 능력으로 되지 아니하고 오직 나의 영으로 되느니라"(슥 4:6)입니다.[107]

목양

복음 전도

스펄전의 목회에서 두드러진 현상은 회심이 많이 일어났다는 것이다. 톰 네틀즈(Tom Nettles)는 이 사실을 보여 주는 자료를 제시한다.

스펄전의 첫 목회지는 케임브리지에서 10km 정도 떨어진 워터비치였다. 설교와 개인 전도로 회심한 자들의 수는 당시 교인들의 수보다 많았다. … 메트로폴리탄 태버나클 교회의 사역이 일관된 복음 전도에서 참으로 강하고 효과적이었다는 사실은 숫자를 통해 입증되었다. 1853년에 뉴 파크 스트리트 교회의 교인은 313명이었는데, 1860년 말에는 1,494명으로 증가했다. 다른 교회에서 온 자들도 있었지만 대부분은 회심자들이었으며 침례를 받고 등록한 자들이었다.[108]

이러한 현상이 나타난 중요한 이유는 스펄전이 사역의 목표를 회심에 두었기 때문이다. 그가 목회자 대학에서 강의한 내용을 묶은 책 『목회자 후보생들에게』에는 "우리의 목표인 회심에 대하여"라는 제목의 장이 있다. 거기서 그는 목회 사역의 목표는 하나님의 영광이며, 그것은 주로 영혼을 구원함으로써 이루어진다고 말했다.[109] 그러면서 학생들에게 "회심을 목표로 삼으시고, 회심을 기대하시고, 회심을 위하여 대비하십시오"[110]라고 가르쳤다. 여기서 스펄전 자신이 한 말을 주목할 필요가 있다.

나는 세상에서 가장 위대한 연설가가 되기보다, 한 영혼을 죽음에서 구원하는 수단이 되기를 원한다. 나는 캔터베리 대주교가 되기보다, 세상에서 가장 가난한 여인을 예수의 발 앞으로 인도하기를 원한다. 모든 신비를 설명하기보다, 한 죄인을 불에서 꺼내기를 원한다. 불 속에 던져질 영혼을 건져 내는 것은, 신학적 논쟁의 경연장에서 승리하여 박사라는 면류관을 쓰는 것

보다 영광스러운 성취다.[111]

이런 이유에서 스펄전은 항상 죄인의 회심이라는 특별한 목적을 품고 설교했다. 그는 복음을 이따금씩 전하거나, 복음보다 부수적인 교리에 관심을 집중시켜서는 안 된다는 점을 강조했다. 구원이야말로 설교자가 선포해야 할 가장 위대한 주제라고 생각했기에, 그는 복음을 증언하는 일에 진정으로 큰 욕심을 갖고 있었다.

스펄전은 잃어버린 영혼에 대한 이러한 열정을 교인들에게도 불어넣었다. 그는 목사뿐 아니라 교인들도 복음 전도에 참여해야 한다고 믿었다. 이를 위해 복음을 제시하기 위한 전도책자와 전도를 강조하는 책을 저술했다. 목회자들에게는 해마다 가을이 되면 영혼의 추수를 위해 교회가 취할 수 있는 방법을 제안하기도 했다. 또 자신이 섬기는 교회에서 매년 2월을 복음 전도의 달로 정하고 특별 집회를 열어, 교회가 복음 전도에 참여하도록 했다. 여기에는 어린이와 청년들을 위한 집회도 있었다. 그는 교회에 출석하지만 아직 회심하지 않은 자들을 전도하는 일에도 힘썼다. 그래서 이틀 동안 그들과 상담하고 저녁마다 집회를 열어 그들에게 설교하기도 했다.

기도회

스펄전의 목회에서 두드러진 요소 중 하나는 기도회다. 그는 누구보다도 기도회를 중시했다. 태버나클 교회에서 월요 저녁 기도회를 시작하면서 그는 이렇게 말했다.

그동안 우리는 네다섯 명으로 이루어진 작은 기도 모임을 가져왔습니다. 물론 그런 모임에 참석하는 것도 매우 즐거운 일입니다. 왜냐하면 주님이 "두세 사람이 모인 곳에 함께하겠다"고 약속하셨기 때문입니다. 하지만 전 교인이 함께 기도 모임을 갖는 것에 관심을 두지 못해 늘 안타깝던 중, 이렇게 하나님의 백성이 무리 지어 기도하러 나온 모습을 보니 참으로 감개무량합니다. 이런 놀라운 축복을 베풀어 주신 하나님을 찬양합시다. 게을러서 하나님께 기도하지 못한다면 어떻게 축복을 기대할 수 있겠습니까? 같은 장소에 모여 한 마음으로 기도하며 주님을 섬기지 않는다면 어떻게 오순절과 같은 역사가 일어날 수 있겠습니까? 기도회를 중요하게 생각해야만 교회에 긍정적인 변화가 일어납니다. 설교나 강연만을 중요시하고 기도를 등한시하는 것은 슬프게도 쇠퇴의 징조입니다.[112]

이렇게 시작된 기도회는 1854년 가을에 이르자 정기 출석자가 500명에 달했다. 이처럼 전 교인이 함께 기도하는 것은 스펄전의 목회에서 매우 중요한 위치를 차지했다. 그만큼 이 기도회가 끼친 영향은 크고 놀라웠다.

월요 저녁 기도회는 태버나클 교회의 모든 사역과 섬김에 기름을 부었다. 1881년에 스펄전은 이 기도회의 분위기를 "특별한 능력의 때"와 "특별한 규모의 복"의 전조로 묘사했다. 세계 곳곳에서 태버나클 교회에 기도를 요청해 왔고, 얼마 안 되어 응답을 받았다는 찬양의 글들이 도착했다. … 각 기도회는 독특한 향취가 있었고, "모든 기도회에서 열렬한 헌신이 놀랍게 나타났다." 기도회에 1,500명이 넘게 참석하는 경우가 빈번했다. 스펄전은 "교회가 성공하지 못하는 핵심 원인과 개인 신앙의 진보가 신통치 않은" 원인을 기도 부족으로 여겼다.[113]

스펄전이 기도회를 인도한 방법은 기도회에 대한 그의 권면에서 나타난다.

기도회로 모일 때면 먼저 10분 동안 열정적으로 말씀을 전하고, 기도하는 중간 중간에 간단한 격려의 말씀을 덧붙이면 하나님의 축복 아래 온 교인이 기도회를 사랑하게 될 것입니다. … 우리 교회의 경우에는 기도회 시간 중간 중간에 찬송가 한 절을 부르면서 대개 열 사람 정도가 돌아가며 기도를 드립니다.[114]

스펄전은 기도회 참석자들에게 크게 소리 내어 기도하도록 가르쳤다. 또 종이에 기도제목을 적어 기도를 요청하도록 격려했다.

예배와 찬양

스펄전은 더 많은 교인을 얻고자 예배에서 세상과 타협하는 것을 경계했다. 즉, 교인 수를 늘리기 위해 예배의 거룩함과 찬양의 순수성을 약화하는 것을 단호히 거부했다. 그는 이렇게 말했다.

당신은 복음을 설교하는 것으로 영혼을 얻을 수 없다고 생각하는가? 당신은 하나님의 방법으로 성공하는 것에 자신이 없는가? 이 때문에 당신은 언변을 원하며 이 때문에 음악, 건축, 꽃, 아름다운 장식을 원하는가? 결국 영으로가 아니라 힘으로나 능

력으로 되는 것인가? 많은 사람들이 그렇다고 말을 한다.[115]

이런 이유로 스펄전이 인도한 예배에는 사람을 즐겁게 하거나 흥분시키는 요소가 없었다. 그래서 메트로폴리탄 교회에 새로 온 사람들은 그처럼 단순한 예배에 종종 놀라워했다. 네틀즈는 스펄전이 "예술과 음악 공연의 부추김이 없는 '심하게 평범한' 예배를 자랑했고, '애매한 편법들과 불분명한 방법들'을 시도할 필요가 없다는 것을 성도들에게 보이려 노력했다"[116]고 말한다.

스펄전은 예배에 악기와 성가대를 도입하는 것을 반대했다. 그러나 전도 집회 같은 특별 모임은 예외였다. 중요한 것은, 그가 무엇보다 회중 찬양을 강조한 점이다.[117] 그는 예배에서 회중 전체가 전심으로 찬양 부르는 것을 목표로 삼았다. 예배가 "전문가들의 특별한 전유물이 아니라 회중의 표현"[118]이기를 원했던 것이다. 이를 위해 그는 찬양 인도자에게 모든 사람이 쉽게 배울 수 있는 단순한 곡조의 곡을 선택하도록 주문했다. 또 모든 사람의 참여를 유도하려고 찬송가를 미리 한 줄씩 읽어 주거나, 새로운 곡조여서 찬송에 참여하지 못하는 일이 없도록 주일예배 때 부를 곡을 월요일 저녁 기도회에서 미리 불러 보았다.

스펄전이 인도한 예배는 대개 다음과 같은 순서로 진행되었다:

스펄전의 짧은 기도, 오르간 반주 없이 찬양 인도자에 따라 모든 교인이 일어나 부르는 회중 찬송, 스펄전의 성경 낭독 및 그에 대한 해설과 권면, 두 번째 회중 찬송, 두 번째 스펄전의 좀 더 긴 기도,[119] 광고, 설교, 세 번째 회중 찬송, 기도. 예배 중에 헌금은 따로 드리지 않았다. 대신 예배당 좌석을 배정 받으려면 석 달에 한 번씩 좌석표를 구입해야 했다.

심방

스펄전은 성경적 직분인 장로가 없는 교회의 문제점을 알았다. 그것은 교회를 영적으로 돌볼 수 없다는 것이었다. 그래서 그는 태버나클 교회가 성장함에 따라, 1859년 기존의 집사직 외에 장로직을 두어 양 떼를 돌보게 했다. 이에 대해 델리모어는 이렇게 말한다.

집사들은 물질적인 부분, 즉 태버나클의 재정과 육체적인 부분을 담당했다. 장로들은 특히 영적인 부분을 담당했는데, 장로마다 맡은 교인들이 있어 이들을 심방하고 이들의 영적 상태를 꾸준히 살펴야 했다. 스펄전은 교인이 적을 때는 직접 부지런히 심방했다. 그러나 교인이 2~3천 명으로 늘어나자 도저히 이렇게 할 수 없었다. 그래서 모든 심방은 사실상 장로들의 몫이 되었다.[120]

성례

스펄전은 신자의 세례가 신약성경의 가르침이라고 확신했다. 그래서 유아세례는 받아들이지 않았다.[121] 그가 유아세례를 받았음에도 회심 후 다시 세례를 받은 이유가 여기에 있다. 스펄전은 교인 자격을 세례 받은 자로 엄격하게 제한했다. 그는 세례와 관련해 "주의 계명에 불순종하는 사람을 교회에 받아들이기보다는 차라리 목사직을 포기하겠다"[122]고 말했다.

그에 비해 성찬에 대해서는 개방적 입장을 취했다. 이는 성도가 다른 성도들과 무제한적으로 교제하는 것이 마땅하다고 확신했기 때문이다. 그는 교회가 "그리스도에 대한 신앙을 고백하고 그리스도께 속한 교회에서 건전하게 신앙생활을 하고 있는 사람"[123]을 성찬에서 배제할 권리가 없다고 보았다. 그 자신은 회심 이후 세례를 받기 전에는 성찬에 참여하지 않았으면서도, 성도가 세례를 받지 않았다고 해서 성찬에 참여하는 것을 제한해서는 안 된다고 생각했다. 스펄전은 성찬식으로 자주 모이는 것이 좋다고 생각해 매 주일 성찬을 집례했다.

그는 세례식과 성찬식을 거행하는 것이 목사만의 직무라고 보지 않았다. 이 점에서 그는 가톨릭의 사제주의를 경계했다. 그는 세례식과 성찬식의 유익이 그 자체에 있는 것이 아니라, 그것이 가리키는 실체에 대한 믿음의 발휘를 돕는 데 있다고 보았다. 네틀즈는 성찬식과 세례식에 대한 스펄전의 견해를 이렇게 설명한다.

스펄전에 따르면 떡과 포도주는 그리스도가 역사 안에서 단번에 수행한 속죄 사역을 진심으로 기억하도록 수찬자에게 가리키는 상징적인 방식이었다. 성찬은 '그 실체를' 즉 그리스도의 죽음에 의해 성취되고 아버지가 받으신 고통스러운 희생적, 속죄적, 화목적 대속을 믿는 '믿음의 발휘'를 돕는다. 성찬을 높이되 지나치게 높이지 않는 이유는, 성찬에 외적으로 참여함 없이 그리스도의 양식을 내적으로 먹[을 수 있기 때문]이며, [그리스도를] 내적으로 먹는 것 없이 성찬에 외적으로 참여[할 수 있기 때문]이다. … 스펄전에 따르면 세례식은 집례하는 자에 좌우되지 않는다. 수세자가 온 맘과 기도로 받는 것이 더 중요하다. 침례에 대한 믿음이나 집례자의 공식 지위가 아니라 그리스도를 믿

는 믿음이 세례식의 유일한 토대다. [그 축복은 그 주체]에 대한 묵상의 정신에서 온다.[124]

자선 사역과 해외 선교

자선 사역은 스펄전의 목회에서 중요한 비중을 차지했다. 이는 그가 그 사역을 목회의 필수적인 요소로 생각했기 때문이다. 그는 교회가 온전하게 발전하기 위해서는 자선 사역이 설교와 보조를 맞추어야 한다고 생각했다. 이에 교인들에게 주위 사람들을 위해 무엇인가를 해야 한다는 사실을 자주 상기시켰다.

스펄전의 자선 사역 가운데 대표적인 것은 구빈원과 고아원 사역이다. 구빈원은 스펄전의 전임자인 존 리펀이 형편이 어려운 과부들을 위해 세운 것이다. 스펄전은 메트로폴리탄 태버나클을 세우고 난 뒤, 구빈원을 위해 새로운 건물을 지었다. 그리고 그 옆에 교육을 받지 못한 아이들을 위한 학교를 세웠다. 그는 1866년 힐야드 부인의 기부로 이듬해부터 소년들을 위한 스톡웰 고아원을 시작하고, 1879년부터는 소녀들을 위한 고아원 사역도 했다.

스펄전은 해외 선교에 대한 책임도 회피하지 않았다. 그는 자신에 대해 이렇게 말한 적이 있다. "나는 영국에서의 내 위치가 지금

몸담고 있는 영역을 떠나도록 허락하지 않는다고 진지하게 생각합니다. 그렇지 않다면 내일 선교사로 나설 것입니다."[125] 또 태버나클 교회의 많은 사람이 선교사로 나가는 것이 그의 중요한 기도제목이었다. 따라서 스펄전의 목회는 해외 선교에서도 주목할 만했다. 델리모어는 이 점에 대해 이렇게 기록했다.

> 태버나클은 해외 선교에도 열심이었다. 목회자 대학 졸업자들 가운데 여럿이 먼 외국에 나갔고, 우리는 이들이 특히 인도, 중국, 실론을 비롯해 아프리카 여러 나라에서 펼치는 사역에 대해 읽었다. 태버나클은 선교사들을 거의 도맡아 후원했다.[126]

스펄전은 태버나클 교회와 직접적인 연관이 없는 자선 사역과 해외 선교를 후원하는 일에도 적극 참여했다. 그는 교인들에게 조지 뮐러가 운영하는 브리스톨 고아원을 후원하도록 권고했다. 또 태버나클 교회를 종종 방문하던 허드슨 테일러의 사역을 기도와 물질로 격려했다.

교리적 확신

런던에서 사역을 시작했을 때 스펄전은 놀라운 성공을 거둔 것과 함께 심한 비난과 공격을 받았다. 그는 스스로 이렇게 말했다.

> 진리의 한 국면만 신봉하면 엄청난 칭찬을 받을 것입니다. 성경의 반쪽에 대해 눈을 닫고 죄인의 책임에 눈이 먼 그런 칼빈주의자가 된다면, 사람들이 당신에게 박수를 치고 할렐루야를 외칠 것입니다. … 그러나 거꾸로 도덕성만을 즉 교리 없는 실천을 전하기 시작해 보십시오. 그러면 당신은 다른 사람들의 어깨 위에 들려질 것입니다. … 그러나 일단 하나님의 계획을 전체적으로 전하면, 양쪽에서 비난을 받을 것입니다. 한쪽은 "이 사람은 지나치게 높아!" 하고 외치고, 다른 쪽은 "아니야, 이 사람은 지나치게 낮아!"라고 말할 것입니다. 한쪽은 "천박한 아르미니우스주의자로군!"이라고 말하고, 다른 쪽은 "지독히 높은 칼빈주의자야!"라고 말할 것입니다.[127]

이처럼 스펄전은 극단적 칼빈주의자들[128]과 아르미니우스주의자들에게서 공격을 받았다. 그가 칼빈주의자로서 하나님의 주권적 은혜와 인간의 책임 두 가지 모두를 강조했기 때문이다. 그는 칼빈주의에 대한 교리적 확신을 갖고 목회에 임했다. 이안 머레이는 당시 목회자로서의 스펄전의 생각을 이렇게 요약했다.

스펄전은 당시의 종교적 상황에 대해, 교회가 '아르미니우스주의에 의해 대대적으로' 유혹받고 있으므로, 교회의 일차적 필요는 단순히 더 많은 전도나 거룩함이 아니라, 그가 편리를 위해서는 칼빈주의라고 부를 준비가 되어 있던 은혜의 교리에 대한 충실한 진리로 돌아가는 것이라고 판단했다. 그는 자신을 단순한 전도자가 아니라, '종교 세계에서 그러한 복음의 옛 교리를 더욱 두드러지게 할' 책임이 있는 개혁자로 보았음이 분명하다.[129]

네틀즈도 이 사실을 뒷받침하는 자료를 소개했다.

1857년 그는 『성도와 구주』(*The Saint and His Saviour*)를 출간했다. 이 책에서 스펄전은 초기 몇 년 동안 가장 놀라웠던 특성 몇 가지를 자연스럽게 언급했다. 사실 그 특성들은 몇 년이 지나도 변하지 않았으며 불로 연단된 성숙성을 드러냈다. 한 가지 예로 스펄전은 그가 영적 자양분인 은혜 교리에 깊은 인상을

받았다는 것과 은혜 교리를 전도와 영적 성장의 수단으로서 정말 진지하게 해설했다는 것을 고백했다.[130]

은혜 교리에 대한 이러한 확신은 스펄전의 목회에서 결정적인 중요성을 갖는다. 그는 자신의 목회에 임한 하나님의 복과 은혜의 교리를 서로 연결된 것으로 보았다. 네틀즈는 스펄전의 초기 사역에 대해, "그의 교리에 대한 입증으로서 그의 사역에 임한 하나님의 복"[131]을 말했다. 그리고 메트로폴리탄 태버나클 입당 직후 스펄전이 은혜의 교리를 강조한 사실을 이렇게 언급했다.

스펄전이 그의 입장에서 주목한 것은 교인들이 은혜 교리 때문에 졸았던 적이 없었다는 것과 오히려 "교인들이 교리들을 사랑하는 동안에 영혼들을 위해 필사적으로 애썼다는 것입니다. 신앙고백에 입각해서 내가 직접 세례를 준 1,600명 이상의 사람들은, 옛 교리들이 오늘날에도 신앙을 부흥시킬 힘을 잃지 않았다는 것을 증거하는 살아 있는 증인들입니다."[132]

이처럼 스펄전은 은혜의 교리를 설교할 때 하나님의 복이 임할 것을 확신했다. 그것은 죄인들의 회심과 성도들의 각성으로 나타나는 부흥을 의미했다.

그는 이러한 교리적 확신을 일평생 견지했다. 그래서 1887년 그가 자신이 속한 침례교 연맹의 교리적 느슨함을 문제 삼은 것은, 그것이 가져올 결과를 예측했기 때문이다. 데이비드 킹던은 '내리막길 논쟁'에서 스펄전이 보여 준 통찰력을 이렇게 말한다.

> 스펄전은 오늘날 유행하는, "교리 문제로 골치 썩이지 말고 복음 전도에 열중하자!"는 식의 노선을 취하지 않았다. 은혜의 교리에서 떠났을 때의 실제적인 결과들을 직시했기 때문이다. 신신학에서는 죄인을 위한 소망이 전혀 없고, 성도를 위한 거룩성도 고려되지 않는다는 것이 그의 소신이었다. 그는 신신학으로 인해 교회가 채워지기는커녕 텅 빌 거라고 단언했다. "분명코 신신학은 하나님께나 사람에게 아무런 유익도 가져다주지 못하며, 다른 대안을 제시하지도 못한다. 설령 정말 진지한 신학도들에 의해 그것이 천 년 동안 전파된다고 해도, 한 영혼도 변화시키지 못할 것이며, 단 한 사람의 심령 속에 있는 교만도 제압하지 못할 것이다." 1888년에는 이렇게 썼다. "기독교 교리를 폐지하는 이들은, 자신이 인식하든 않든 간에, 그리스도인의 삶을 가장 심하게 파괴하는 대적들이다. 청교도주의의 경건성

이 청교도주의의 건전한 교리를 오래도록 존속시키지 않는다. 경건의 불길에는 정통 교리의 연료가 필요하다."[133]

요약

스펄전은 정식 신학 교육을 받은 적이 없다. 또 20대에 이미 건강이 좋지 않았다. 그런데도 그가 목회에서 거둔 열매는 놀랍도록 풍성했다. 교회사에서 스펄전은 칼빈주의 신학을 목회 현장에서 꽃피운 대표적인 인물에 속한다. 그는 교리와 경건이 쇠퇴하던 당시 상황에서 복음에 나타난 은혜의 교리를 명료하게 열정적으로 설교했다. 그 결과 그의 목회에는 놀라운 부흥이 임했다. 그는 "30년 동안 사람이 붐빈 예배당들을 보면서 나는 하나님의 진리에 매력이 있음을 확신했다"[134]고 말했다. 오늘날 우리도 하나님의 진리에 매력이 있음을 확신하고 설교와 목양에 임한다면 그 열매를 목격하게 될 것이다. 그것은 스펄전처럼 성경의 교리에 충실한 교회의 부흥을 경험하는 것이다.

"스펄전은 설교자가 어떻게 성경을 다루어야 하는지,
곧 설교자는 자신의 생각을 위해 성경을 이용하는 것이 아니라,
성경에 나타난 성령의 생각에 충실해야 한다고 가르쳤다."

조나단 에드워즈

Jonathan Edwards

목회자의 진정한 권위

조나단 에드워즈가 우리에게 알려 주는 것은 교회 개척 비결이 아니다. 교회 성장 방법론도 아니다. 그는 목회자의 권위가 어디서 나오는지를 보여 준다. 그것은 목회적 수완에서 나오는 것이 아니다. 진정한 권위는 그가 선포하는 진리와 삶에서 드러나는 경건에서 나온다. 사도 바울은 디모데에게 이렇게 말했다. "너는 진리의 말씀을 옳게 분별하며 부끄러울 것이 없는 일꾼으로 인정된 자로 자신을 하나님 앞에 드리기를 힘쓰라 망령되고 헛된 말을 버리라 그들은 경건하지 아니함에 점점 나아가나니"(딤후 2:15-16).

조나단 에드워즈는 누구보다도 진리 선포와 경건한 삶에 힘썼다. 그런 점에서 그의 설교와 목양을 살펴보는 일은 오늘 우리에게 특히 중요하다. 진리와 경건이 종종 무시되는 목회 현실에서 그는 결정적인 도움을 줄 수 있기 때문이다. 실제로 이러한 도움을 받은 사람은 많다. 대표적인 사람이 영국 런던 웨스트민스터 채플의 목사였던 마틴 로이드 존스다. 그는 조나단 에드워즈에게서 받은 도움을 이렇게 말했다. "나는 1834년 판 두 권짜리 에드워즈 전집을 찾아내 5실링을 주고 샀습니다. 나는 그 두 권을 탐독했고, 말 그대로 읽고 또 읽었습니다. 확실히 그 책은 다른 어떤 책들보다 나에게 더 도움이 된 것이 사실입니다."[135] 그래서 그는 이렇게 말하기도 했다. "참으로 어리석게도 청교도들을 알프스에 비유하고 루터나 칼빈을 히말라야에 비유한다면, 조나단 에드워즈는 에베레스트산에 비유하고 싶은 시험을 받곤 합니다. 제게 있어서 그는 언제나 사도 바울을 가장 닮은 사람인 것 같습니다."[136]

에드워즈에게 도움을 받은 또 한 사람을 들자면 존 파이퍼가 있다. 그는 미국 미네소타주 미니애폴리스의 베들레헴 침례교회에서 33년간 목회했다. 그런 그가 이렇게 말했다. "그는 죽었지만 내게는 그가 성경 밖에서 가장 중요한 스승이다. 성경 밖의 인물 중 조나단 에드워즈만큼 하나님에 대한 비전과 그리스도인의 삶을 형성시킨 사람은 아무도 없다."[137] 그는 에드워즈가 자신에게 끼친 영향을 이렇게 말하기도 했다. "에드워즈는 기쁨을 하나님의 하나님

되심과 우리가 하나님을 영화롭게 한다는 것의 의미의 핵심에 위치시킴으로써 나의 세계관을 완전히 바꾸어 버렸다."[138] 또 이렇게도 말했다. "히말라야산맥과 같은 성경을 등반하는 데 있어서 가장 경험이 풍부하고 신뢰할 만한 안내자는 언제나 조나단 에드워즈였습니다."[139]

에드워즈의 글은 오늘날의 목회자들에게도 큰 도움을 줄 수 있다. 그것은 교리에 대한 무관심으로 실용주의와 성공주의를 좇고 있는 이들을 일깨워 줄 수 있다. 그래서 그들이 진리와 경건에 대한 열정을 품고 설교와 목양에 힘쓰도록 안내할 수 있다. 파이퍼는 자신의 경험을 근거로, 에드워즈의 글을 읽을 때 어떤 도움을 얻게 되는지에 대해 이렇게 말했다.

> 잠시 심호흡을 하고 그의 글을 읽어 보라. 이는 마치 계시의 히말라야산맥에 올라 지상에서는 경험할 수 없는 신선한 공기를 호흡하는 것과 같다. 이 높은 곳에 있는 깨끗하고 하나님으로 충만한 공기를 가득 들이마시면, 이 땅의 고난의 골짜기를 당장 벗어나지는 못한다 할지라도, 무엇으로도 꺾을 수 없는 경외심 가득한 기쁨을 가지고 하나님을 사랑하기 위해 이 땅을 살아갈 힘을 얻을 것이다.[140]

에드워즈는 오늘날 설교자, 부흥사, 신학자, 철학자, 주석가, 선교사로서 다방면에서 연구의 대상이 되고 있다. 이러한 에드워즈 연구에서 한 가지 주목할 사실은, 학자들의 학문의 대상으로 에드워즈가 등장한 점이다. 이에 대해 마즈던은 이렇게 설명한다.

> 동시에, 이런 시류와 밀접하게 관련을 맺어 에드워즈에 대한 학문도 출현했다. 페리 밀러가 이 경향에 지대한 공헌을 했다. 밀러는 1949년 출판한 지적인 전기에서 에드워즈를 우연히도 칼빈주의적 범주를 활용한 미국의 가장 위대한 천재요 심원한 현대 철학자로 묘사했다. 그에 따라 밀러는 '무신론적 에드워즈주의자'(atheist for Edwards)가 생겨날 가능성을 만들어 냈다. 동시에 밀러는 넓은 신학적 또는 비신학적 스펙트럼을 통해 학자들을 모아 「에드워즈 전집」예일대 판에 수록했다. 밀러 시대 이후 에드워즈는 주요한 학문적 연구 대상이 되고 있다.[141]

이처럼 페리 밀러의 영향으로 에드워즈 연구가 활발해진 것은 사실이다. 그러나 그의 접근은 주로 학문적 관심에서 비롯된 것이다.[142] 그 결과 설교자와 목사로서의 에드워즈에 대한 연구는 소홀해질 수밖에 없었다.[143]

그런데 20세기 후반에 칼빈주의자들에 의해 이러한 경향에 변화가 일어났다. 그들이 학문적 측면보다 신학과 목회의 측면에서 에드워즈에 관심을 갖게 된 것이다. 이 변화에 중요한 영향을 미친 인물들이 앞서 언급한 마틴 로이드 존스와 존 파이퍼다. 이안 머레이는 어떻게 마틴 로이드 존스에 의해 조나단 에드워즈에 대한 관심이 되살아났는지를 알려 준다.

아마 존 어스킨, 토머스 찰머스만큼이나, 마틴 로이드 존스는 에드워즈의 독자들의 새로운 세대 배후에서 자극이 되었다. 그리고 다시 한번, 개혁주의 교회의 역사적 기독교에 대한 신앙이 다시 살아난 것처럼, 에드워즈가 제시하는 교리적이고 영적인 가치들에 대한 평가도 회복되었다. 1950년에 런던의 웨스트민스터 교회 예배당에서 [창립된] 청교도 수련회(Puritan Conference)에서 에드워즈는, 토의와 강연의 계속되는 주제였다. 그리고 1957년에 The Banner of Truth Trust사가 웨스트민스터 교회를 최초의 '창고'(warehouse)로 하여 출판을 시작했을 때에, 3권짜리 「조나단 에드워즈 선집」이 그 첫 출판물이었다. 20년 전에 불가능하게 보였던 것이 현실이 되었다. 에드워즈의 저작들은 다시 새로운 열렬한 독자들을 얻게 되었다. 「조나단 에드워즈 전집」 1834년 완결판이 다시 팔리기 시작하여 1974년부터 1984년 말까지 8,000~9,000질이 팔렸다.[144]

로이드 존스에 이어 에드워즈에 대한 관심을 다시 불러일으킨 사람은 존 파이퍼다. 루카스(Sean Michael Lucas)는 존 파이퍼가 에드워즈를 대중화한 가장 중요한 저자라고 평가한다.[145] 파이퍼는 1986년 출간한 『여호와를 기뻐하라』(*Desiring God*, 생명의말씀사)를 시작으로 여러 책과 기사를 통해 에드워즈를 소개했다. 그리고 2003년 조나단 에드워즈 탄생 300주년을 기념해 "하나님 중심적 세계관: 조나단 에드워즈의 소중한 유산"을 주제로 콘퍼런스를 개최했다.[146]

이처럼 두 명의 칼빈주의 목사가 끼친 영향으로 오늘날 에드워즈는 신학과 목회의 측면에서 다시 주목받게 되었다. 존 캐릭(John Carrick)은 이러한 변화의 원인을 에드워즈가 무엇보다도 칼빈주의 설교자이자 신학자였다는 사실에서 찾는다.[147] 여기서 에드워즈에 어떻게 접근할 것인지가 드러난다. 윌슨 킴낵(Wilson H. Kimnach)이 지적한 대로, 에드워즈의 글은 우선적으로 목회적인 설교임을 기억해야 한다.

어떤 이들은 에드워즈의 철학적 신학에 대한 위대한 논문들을 단순한 목회적인 설교들과 분리하려는 경향이 있지만, 에드워즈의 거의 모든 주요 논문이 전체적으로든 몇몇 부분에서든 그의 평상시의 설교에서 이미 예고되었다는 점은 고려할 만한 가치가 있다. 에드워즈에게는 설교가 본질적인 문학적 형식이었다.[148]

생애

출생에서 회심까지

조나단 에드워즈는 1703년 10월 5일 코네티컷 이스트 윈저에서 태어났다. 아버지는 그곳 회중교회 목사였고, 어머니는 뉴잉글랜드 서부 노샘프턴의 영향력 있는 목사 솔로몬 스토다드의 딸이었다. 에드워즈는 어린 시절 아버지 교회에서 몇 차례의 부흥을 목격하며 자랐다. 훗날 그는 아홉 살 때의 일을 이렇게 회상했다. "나는 놀라운 영적 각성의 때를 두 번이나 더 경험한 이후, 새로운 성품을 품게 되는 계기가 된 그 변화와, 그 이후 줄곧 지닌 사물에 대한 새로운 인식을 경험했다."[149] 그러나 그 경험은 지속되지 못했다.

에드워즈는 1716년 9월 비교적 이른 13세의 나이로 코네티컷 신생 대학교에 입학했다. 이 학교는 에드워즈가 3학년이 되던 해 예일 대학이 되었다. 4학년 때 그는 늑막염으로 죽을 것 같은 고통을 경험했다. 이로 인해 하나님께 헌신을 결심했지만, 병에서 회복되자 또다시 이전 생활로 돌아갔다. 그는 1720년 9월 예일 대학을 졸업했고, 계속해서 대학에서 M.A. 과정을 공부했다. 이 시기는 그에게 고통스러운 영적 싸움의 기간이었다. 이 싸움의 핵심에는 하나님의 주권 교리에 대한 저항이 있었다.

그러던 중 그의 생각에 놀라운 변화가 일어났다. 하나님의 주권 교리에 대한 반감이 사라진 것이다. 그는 이 변화에 대해 이렇게 말했다.

나는 내가 이 하나님의 주권과, 사람들을 자신의 주권적인 뜻에 따라 각각 영원히 처리하는 그분의 공정함을 확신하고 완전히 만족하게 된 것 같은 때를 잘 기억한다. 하지만 어떻게, 어떤 방법으로 그렇게 확신하게 되었는지는 결코 설명할 수 없다. 그때나 그 후로 오랫동안 거기에 어떤 하나님의 영의 특별한 작용이 있었음을 조금도 상상하지 못했고, 단지 이제는 내가 더 알게 되었고, 내 이성이 그 공정함과 정당함을 이해했다고 상상

했다. 그러나 내 생각은 거기서 쉼을 얻었고, 그것은 그간의 모든 트집과 반대에 종지부를 찍었다.[150]

이와 함께 에드워즈는 이러한 생각의 변화를 겪은 후 일어난 일에 대해서도 말했다.

그러나 나는 그 첫 확신 이후로 내가 그때까지 가졌던 것과 매우 다른 종류의 하나님의 주권에 대한 감각을 종종 갖게 되었다. 그리고 일반적인 확신뿐 아니라 '즐거운' 확신을 자주 갖게 되었다. 그 교리는 매우 자주 지극히 즐겁게, 빛나게, 감미롭게 나타났다. 절대 주권은 내가 하나님께 돌리기 좋아하는 것이 되었다. 그러나 나의 첫 확신은 그렇지 않았다.

내가 그 이후로 많이 경험한 하나님과 하나님의 일에 대한 그런 종류의 내적이며 감미로운 기쁨의 첫 사례는, 디모데전서 1장 17절 말씀을 읽을 때였던 것으로 기억한다. "영원하신 왕 곧 썩지 아니하고 보이지 아니하고 홀로 하나이신 하나님께 존귀와 영광이 영원무궁하도록 있을지어다 아멘." 이 말씀을 읽을 때, 신적 존재의 영광에 대한 감각, 내가 이제껏 경험했던 어떤 것과도 전혀 다른 새로운 감각이 내 영혼에 들어와 가득

채웠다.

그래서 그는 이렇게 말할 수 있게 되었다. "그 무렵부터 나는 그리스도와 구속의 일, 그에 의한 구원의 영광스러운 방식에 대해 새로운 종류의 이해와 개념을 갖기 시작했다."[151] 이러한 회심은 그가 뉴욕에 도착하기 약 일 년 반 전인 1721년 봄에 일어났다.

소명과 초기 목회

에드워즈는 1721년 회심을 체험한 후 얼마 지나지 않아 설교자와 목사로서 소명을 받은 것으로 보인다. 이안 머레이는 이 시기에 에드워즈에게 일어난 변화를 이렇게 설명한다.

에드워즈가 회심할 시기에는 많은 것들이 큰 변화를 겪고 있었다. 그중 한 가지는 그가 3년 과정의 석사 학위를 받으려면 1723년까지 기다려야 했는데, 기다리지 않고 1722년에 목사 자격시험을 치르고 예일 대학에 거주하기로 결정한 것이다. 이는 19세 때의 일이며, 거기에는 분명히 설교하는 일을 더 이상 지체하지 않으려는 결심이 있었다.[152]

마즈던도 "목사직은 그의 소명이었다"[153]고 말하며 이와 관련된 내용을 소개한다. "대학원 첫 [해] 봄 충격적인 회심의 흥분에 잠겨 있을 때, 그는 또한 특별한 소명에 사로잡혔다. 그는 그 새로운 지식을 영원한 하나님의 말씀을 수호하는 데 사용해야겠다는 강한 소명을 느꼈다."[154] 에드워즈는 설교자로서 소명을 받은 것이다. 그 이후 에드워즈의 삶을 이끌어 간 것은 이 소명이다. 그래서 예일 대학의 강사로 있던 시기(1724~1726)에 그의 고민은 여기에 있었다.

이 기간에 더욱 실질적인 고민과 근심은 그의 생애와 야망에 대한 문제였다. 조나단은 강렬한 야망을 가졌었다. 자신이 하나님의 특별한 소명을 받았다고 생각했다. 그 소명이란 바로 모든 사상과 가능한 모든 대적을 대항하여 기독교 신앙을 결정적으로 방어하는 것이었다. 그러나 그가 올라서서 외칠 수 있는 강단이 과연 어디였단 말인가? 대학 교수는 일시적인 직업이었다. 또한 예일대의 학장을 찾는 일이 어려웠던 것에서 볼 수 있는 바와 같이, 대학의 학장직도 훨씬 목사들의 마음을 끄는 교구 목사에 비해 한 단계 아래 있는 것이었다.[155]

소명에 따라 에드워즈는 1722년 8월부터 1723년 4월까지 뉴욕의 한 작은 교회에서 목회했다. 이 시기에 거룩함에 대한 그의 갈망은 이전보다 더 커졌다. 그래서 그는 자기 훈련을 위해 결심문을 작성하고, 신앙 일기 쓰는 일을 시작했다. 또 신학과 철학을 망라하는 '묵상집'을 썼다. 이후 고향 이스트 윈저로 돌아온 에드워즈는 그해 9월 예일 대학에서 M.A. 학위를 받았다. 그리고 11월 그곳에서 24킬로미터쯤 떨어진 볼턴 소재 교회의 교구 목사가 되었다. 이때부터 그는 '성경 묵상 노트'를 쓰기 시작했다. 볼턴에서의 목회 사역은 그가 예일 대학의 강사직을 얻기 위해 뉴헤이븐으로 떠난 1724년 6월까지 이어졌다. 예일 대학에서 가르친 2년은 그에게 영적 침체의 기간이었다. 특히 1725년 9월부터는 병들어 3개월 동안 누워 있어야 했다.

노샘프턴

1726년 8월 노샘프턴 교회는 에드워즈를 부목사로 청빙했다. 그의 외할아버지 솔로몬 스토다드를 보조하도록 하기 위해서였다. 에드워즈는 1727년 2월 15일 목사 안수를 받고, 한 주 뒤 노샘프턴 교회에서 목사 위임식을 가졌다. 그리고 7월 28일에 뉴헤이븐에서 사라와 결혼식을 올렸다. 그해 가을 마침내 에드워즈는 3년 동안 계속되던 영적 침체에서 벗어났다. 그리고 1729년 2월 11일 솔로몬 스토다드의 죽음으로 에드워즈는 노샘프턴 교회의 담임목사가 되었다. 그는 이 교회에서 목회하면서 일 년에 두 번 모이는 햄프셔 목회자 협의회에 참여했다. 그리고 이 협의회 목사들을 위해 자신의 집에 도서관을 만들었다. 1731년 7월 8일 에드워즈는 보스턴에서 설교함으로써 국제적인 칼빈주의 운동의 일원이 되었다.

1734년에서 이듬해에 걸쳐 젊은이들에게서 시작된 놀라운 부흥이 노샘프턴에서 일어났고, 이때 많은 사람이 회심을 경험했다. 에드워즈 자신은 "오직 믿음으로만 의롭게 됨"이란 설교를 이 부흥의 중요한 요인으로 평가한다. 부흥의 결과, 노샘프턴 교회에는 620명에 달하는 세례 교인이 생겨나게 되었다. 이 숫자는 그 마을의 거의 모든 성인을 포함하는 것이었다. 이러한 부흥은 인근 도시들에서도 나타났다.

그러던 중 1740년 10월 17일 조지 휫필드가 노샘프턴을 방문해 몇 차례 설교하게 되었다. 이로 인해 그 마을에 부흥의 불길이 다시 타올랐으며, 이는 첫 번째 부흥보다 더 광범위하고 강력했다. 이 대각성 시기의 대표적인 설교 "진노하시는 하나님의 손안에 있는 죄인"은 에드워즈가 1741년 7월 8일 엔필드에서 전한 것이다. 이 부흥은 1742년까지 이어졌다.

그러다 1742년 순회 설교자들이 발생시킨 과도한 육체적 흥분과 열광으로 인해 대각성에 대한 논쟁과 분열이 일어났다. 대각성에 반대한 옛빛파(Old Lights)의 대변인 찰스 촌시(Charles Chauncy)는 중요한 신학적 논점에서 에드워즈와 차이가 있었다. 마즈던은 그 차이를 이렇게 설명한다.

> 촌시는 "명백한 진리는 항상 '합리적인 지성과 부풀려지지 않은 감정'이 인간의 안내자가 되어야 한다는 것이다. 또한 이것은 다른 문제들뿐 아니라 신앙 문제에서도 마찬가지다"라고 말했다. 인간의 영혼에 대한 촌시의 견해는 고대 헬라 철학 시대부터 수용되었던 보편적인 이론으로서, 감정이란 근본적으로 인간의 동물적인 본성과 관련된 것이므로 더 고등 기능인 이성으로써 통제되어야만 한다는 것이었다. … 에드워즈는 성경적 관점과 일치하기 위해서는 "비록 사람의 영혼에 감정과 의지라는 두 기능이 있다 하더라도 감정과 의지가 분명하게 구분되지 않는다는 것을" 깨달아야 한다고 주장했다. 신앙 감정과 의지를 동일시함으로써 에드워즈는 두 가지 모두를 필수적인 고등 기능으로 보았다.[156]

이로 인해 에드워즈는 그리스도인의 삶에서 신앙 감정이 차지하는 위치에 대한 연속 설교를 했다. 그 내용은 1746년 『신앙과 정서』(The Religious Affections, 지평서원)란 책으로 출판되었다.

1744년 에드워즈는 당시 20대 남자 청년들이 의학과 출산에 대한 책을 읽고 성적 농담을 일삼던 이른바 '젊은이 성경' 사건을 처리하려 했다. 그러나 그 과정에서 영향력을 잃고 반대에 직면하게 되었다. 이때 문제가 된 것은, 불경스러운 사람들에게도 성찬식에 참여할 기회를 주던 스토다드의 관습이었다. 스토다드는 세례는 받았지만 아직 그리스도를 고백하지 않은 사람도 성찬에 참여할 수 있게 했다. 그래서 성찬은 회심케 하는 예식이 되어야 했다. 에드워즈는 1748년 이 관습의 개혁을 제안했다. 그는 가시적 교회의 회원이 되려면 진실한 신앙고백과 중생의 외적 증거가 있어야 한다고 생각했다. 따라서 성찬에는 회심한 사람만 참여할 수 있었다. 그러나 이 제안으로 그와 교인들 사이에 심각한 문제가 발생했다. 결국 그는 1750년 6월 22일 해고되고 말았다. 한편 7월 1일 고별 설교를 한 후에도 그는 교회의 요청으로 그해 11월까지 설교를 계속했다.

스톡브리지와 프린스턴

이 무렵 에드워즈는 노샘프턴에서 서쪽으로 약 64킬로미터 떨어진 스톡브리지에서 청빙을 받았다. 그의 직무는 영국인 교회의 목사로 섬기면서 인디언들에게 선교하는 일이었다. 그가 그곳에서 사역한 7년 동안에는 부흥이나 주목할 만한 회심에 대한 기록이 없다. 대신 그는 중요한 책들을 남겼다. 『의지의 자유』(*Freedom of the Will*, 부흥과개혁사), 『원죄론』(*Original Sin*, 부흥과개혁사), 『조나단 에드워즈가 본 천지 창조의 목적』(*Dissertation on The End for which God Created the World*, 솔로몬), 『참된 미덕의 본질』(*The Nature of True Virtue*, 부흥과개혁사) 등이 그것이다. 스티븐 니콜스(Stephen J. Nichols)는 이렇게 말한다.

그의 개인적인 훈련 때문에 유배와는 거리가 먼 1750~1757년까지의 시간은 그의 생애에 있어서 가장 생산적인 해가 되었다. 만약 그가 노샘프턴에서 머물러 있었다면, 어찌 글을 쓰는 데 그렇게 많은 시간을 내고 뒤에 오는 세대를 위한 문서적 유산을 남길 수 있었겠는가?[157]

1757년 가을 에드워즈는 자신이 프린스턴의 뉴저지 대학 학장으로 선임되었다는 소식을 들었다. 처음에 그는 학장직을 거절했으나, 목회자 협의회의 결정에 따라 1758년 프린스턴으로 이주했다. 그러나 천연두 예방 접종의 부작용으로 그해 3월 22일 사망하고 말았다.

설교

설교 작성

에드워즈는 노샘프턴 교회에서 사역할 때 종종 일주일에 세 번(주일 오전과 오후 예배, 목요일 성경 강의) 설교했다. 그가 설교 준비에 많은 시간과 노력을 쏟아부었다는 것은 잘 알려진 사실이다.[158] 에드워즈는 보통 13시간의 연구 시간을 확보하기 위해 새벽 4시나 5시에 기상했다. 그는 이 시간을 성경의 관심 있는 주제들에 대해 연구하고 설교를 준비하는 데 썼다.[159] 그래서 찰스 브리지스(Charles Bridges)는 "에드워즈가 설교자로서 높은 명성을 떨쳤던 것은 그가 특히 사역 초기에 설교문을 작성하면서 겪은 큰 고통의 시간 덕분이었다"[160]고 평가한다.

그는 처음에는 설교 원고를 완벽하게 써서 준비했는데, 그렇다고 강단에서 원고를 그대로 읽은 것은 아니다. 새뮤얼 홉킨스(Samuel Hopkins)는 이에 대해 이렇게 말했다.

> 그는 기록한 것을 대부분 읽었다. 그렇지만 그것들에 얽매이지 않았다. 만일 원고를 쓸 때에는 떠오르지 않았던 어떤 생각들이 설교하는 동안에 떠오르고, 그것들이 적절해 보이면, 그는 대단히 풍성하고 충만하게, 그리고 더욱 큰 열정으로 그것들을 전달하곤 했으며, 그가 기록했던 것보다 훨씬 더 좋은 효과를 청중에게 미쳤다.

이러한 습관은 그가 설교를 처음 시작한 1722년 이후 거의 20년 동안 계속되었다. 그러다 1741년경부터 설교 원고를 완벽하게 쓰는 것을 중단하고 설교 요지만 쓰기 시작했다. 이안 머레이는 이 변화가 갖는 의미를 이렇게 설명한다.

> 이 변화가 일어난 시기가 대각성 운동(The Great Awakening) 기간과 일치한다는 것은 무시할 부분이 아니다. 그것은 그때에 그가 설교 원고를 완벽하게 쓸 수 없을 만큼 무척 바빠졌기 때문이 아니다. 오히려 그는 할아버지 스토다드가 오래

전에 그랬던 것처럼, 원고에 대한 의존으로부터 자유하는 것이 설교의 참된 본질에 가장 일치하는 것임을 더욱 확신하게 되었던 것이다. 그는 이전에 설교 원고에 집착했던 것을 '부족하고 흠 있는' 것으로 여기게 되었으며, '설교 원고를 사용하는 습관을 전혀 들이지 않았더라면 더 좋았을 것이라는 생각에 기울어졌다.'[161]

에드워즈는 전통적인 청교도 설교 형식을 충실히 따랐다. 먼저 그는 성경 본문을 간략하게 해설하고 거기서 교리를 추출하는 것으로 설교를 시작했다. 그다음에는 본문에서 추출한 교리를 다양한 방식으로 확증하고 발전시켰다. 마지막으로 확증한 교리를 삶에 적용함으로써 설교를 마쳤다.

이러한 설교 형식을 통해 에드워즈가 보여 준 탁월함은 체계적이고 치밀한 논증에 있다. 마즈던은 그가 첫 목회지인 뉴욕의 작은 장로교회에서 행한 설교의 특징을 이렇게 말한다.

> 주의 깊게 잘 작성된 그의 설교는 이미 훗날 그의 설교를 특징짓는 탁월한 자질을 보여 주었다. 그는 싱경적 전제(청교도 설교에서 '교리' 부분)에서 출발하여 그 명백한 진리가 어떻게 청중

의 삶에 적용되어야만 하는지('활용' 또는 '적용' 부분) 추론하는 데에 어떤 허점도 발견할 수 없을 만큼 치밀했다.[162]

또 마즈던은 노샘프턴 교회 담임목사로서의 에드워즈의 설교를 이렇게 평가한다.

스토다드의 설교가 가끔씩 투박하여 직접적으로 요점을 언급하곤 했다면, 에드워즈의 설교는 복잡하면서 매우 명확하고 논리적이며 혹독했다. 그는 먼저 본문에서 한 가지 주제나 명제를 도출해 내는 청교도식의 간략한 주해 방식을 취한 후, 라무스식 방법에 따라, 도출한 명제를 여러 개의 교리적 강조점으로 나누어 모든 함축적인 의미를 삶에 적용시켜 설명했다. … 그의 설교들은 각 사상의 모든 함축적 의미를 찾아내는 한 논리가의 작품이었다. 그의 설교를 들은 사람들은 그의 논증의 그물을 빠져나갈 수 있는 여지가 전혀 없었다.[163]

이처럼 에드워즈의 설교의 중요한 특징은 치밀하고 체계적인 논증이다. 그의 설교에서 나타난 능력은 이러한 논증에서 비롯된 것이다.

설교 전달

에드워즈는 나지막하고 차분하며 크지 않은 소리로 설교했다고 전해진다. 또 머리와 손을 거의 움직이지 않았다고 한다. 노샘프턴 교회의 한 교인은 이렇게 말했다. "에드워즈는 설교할 때에 제스처를 전혀 사용하지 않고 앞을 똑바로 쳐다보았습니다. 기드온 클락은 '에드워즈는 끝까지 종(bell)의 줄을 주시했다'[고 말했습니다]."[164] 이처럼 에드워즈의 설교 전달 방식에는 인상적인 것이 없었다. 그래서 이안 머레이는 이렇게 말한다. "분명한 것은 설교자로서 에드워즈가 끼친 감동이 그의 실제 전달 방식 덕분은 거의 아니라는 것이다."[165]

에드워즈의 설교가 감동을 준 이유는 다른 데 있다. 그것은 바로 설교자 자신이다. 에드워즈는 설교 도중 자신이나 자신의 경험에 대해 거의 언급하지 않은 것으로 알려져 있다.[166] 그러나 그는 다른 방식으로 그가 전달하는 설교에 영향을 끼쳤다. 이에 대해 세레노 드와이트(Sereno E. Dwight)는 이렇게 말한다.

> 설교자로서 그의 고결한 인격과 큰 성공의 중요한 요인 중 하나는 그의 마음에 깊이 스며들어 있는 엄숙함이었다. 그는 언제나 하나님의 임재에 대해 엄숙하게 자각하고 있었다. 이는 그

의 모습과 전반적인 태도에서 볼 수 있었다. 이 자각은 분명히 강단을 위한 그의 모든 준비에 지배적 영향을 끼쳤고, 공적 예배에서 가장 잘 나타났다. 그것이 청중에 미친 효과는 즉각적이며 거부할 수 없는 것이었다.[167]

이것은 에드워즈의 설교가 지닌 권위를 보여 준다. 여기서 '하나님의 임재에 대한 엄숙한 자각'은 설교자로서의 그 권위가 그의 경건에서 비롯되었음을 말해 준다.[168] 마즈던은 이에 대해 이렇게 말한다.

그는 노샘프턴에서 하나님의 대변자였다. [그는] 그가 가장 좋아하는 비유 가운데 하나인 '하나님의 나팔'이었다. 그의 학식, 특별히 성경에 대한 전문성과 자연 철학과 역사에 대한 탁월한 지식은 그의 권위를 한층 높여 주었다. 훨씬 중요한 것은 그의 경건의 권위였다. 수년 전 그의 소명을 생각하며 쓴 글과 같이, 그리스도를 따르는 능력은 무한하다. "만일 모든 그리스도인의 세계에 대해 내가 그리스도의 틀림없는 안내를 받고, 세상에 그리스도의 뜻을 가르치기 위해 보냄을 받았다는 것이 확실하다면, 나는 모든 분야에서 권세를 가졌을 것이다. 즉, 나는 그들에게 그들이 꼭 지켜야 하는 것들을 가르치는 권세를 가졌으며, 그들은 내 말에 귀를 기울여야 할 것이다."[169]

에드워즈의 설교에서 나타난 엄숙함은 그의 감정을 통해 청중에게 전달되었다. 그래서 드와이트는 에드워즈의 설교를 직접 들은 사람들이 특별히 묘사한 것을 언급한다. "강단에서의 모습, 조용하고 움직이지 않는 방식이 갖는 엄숙함, 처음에는 청중의 주목을 끌고 다음에는 느낌을 압도하는 감정의 무게."[170] 또 에드워즈의 설교에 대한 홉킨스의 경험도 소개한다.

그의 말은 큰 소리를 내거나 감정을 겉으로 드러내지 않으면서도 종종 대단한 내적 열정을 이끌어 냈으며, 듣는 자들의 마음에 굉장한 무게를 느끼게 했다. 그리고 그는 자기 마음의 강한 감정이 드러나도록 말했는데, 그것은 가장 자연스럽고도 효과적으로 다른 사람들을 감동시키는 경향이 있었다.[171]

이처럼 에드워즈의 설교 전달에서 두드러진 특징은, 그가 자기 마음의 강한 감정이 드러나도록 했다는 점이다. 그가 이렇게 한 이유는 중요하다. 그것은 다른 사람의 감정에 영향을 줌으로써 그 성품과 행동을 변화시키기 위함이다. 그는 이렇게 말했다.

> 믿음에 속한 일들은 사람의 영혼을 사로잡는데 그 일들이 사람들에게 감정적으로 영향을 주는 만큼만 그렇다는 사실은 분명한 것이다. 수많은 사람들이 자주 하나님의 말씀을 듣는다. 말씀을 통해 그들은 무한히 크고 중요한 일들에 대해 들으며, 진정 그들과 밀접하게 관련된 일들을 접하게 된다. 그러나 그들이 듣는 모든 것은 그들에게 전혀 영향을 미치지 못하고, 그들의 성품과 행동을 전혀 변화시키지 못하는 것 같다. 그 이유는 그들의 듣는 것 때문에 감정이 영향을 받지 않기 때문이다.[172]

이같이 에드워즈가 생각한 설교의 목적은 명확하다. 그것은 단지 교리적 지식과 사변적 이해를 제공하는 것만이 아니다. 그와 함께 감정에 영향을 주는 것이다.

신적인 일들을 인간의 심령과 감정에 각인시키는 것은 참으로 하나님께서 세우신 하나의 위대하고 중요한 목적이다. 그래서 하나님께서는 성경에 기록된 당신의 말씀이 설교를 통해 열려지고 적용되며 사람의 마음에 새겨지기를 원하신다. 따라서 단지 사람이 훌륭한 성경 주석서나 강해서를 갖거나 훌륭한 경건서적을 갖는 것만으로는, 하나님께서 설교라는 제도를 세우실 때 마음속에 품으셨던 목적을 충족시키지 못한다. 왜냐하면 설교뿐만 아니라 이런 서적들이 하나님의 말씀을 적절하게 교리적으로 또한 철학적으로 이해시키는 것 같지만, 그것들은 설교만큼 사람의 심령과 감정에 인상을 심어 주는 힘이 없기 때문이다. 하나님께서는 당신의 말씀을 설교로 사람에게 특별히 생생하게 적용하기로 결정하신 것이다. 설교야말로 믿음과 경건에 속한 중요한 사항들 즉 인간 자신의 비참함에 대해, 그 비참함을 치유하는 치료책의 필요성에 대해, 그리고 하나님께서 제공하신 그 치유책의 영광스러움과 충분함에 대해 죄인들을 감정적으로 깨우칠 수 있는 적절한 도구다.[173]

에드워즈는 설교를 통해 감정에 인상을 남기기 위해 언어의 효과를 십분 활용했다. 마즈던은 "그의 설교의 주 초점이 사람들의 정서를 어루만짐으로써 영적인 실재에 대한 단순한 이론적인 지식을 넘어서도록 하는 데 있었다"는 것과, "그러기 위해 그는 그들이 마음으로 진리에 대한 '생생한 그림'을 그리고 그것을 바라보며 정서적으로 반응하기를 원했다"[174]는 점을 지적한다. 또 그는 "진노하시는 하나님의 손안에 있는 죄인"이란 설교와 관련해, 언어에 대한 에드워즈의 생각을 이렇게 소개한다. "그의 생각에 따르면, 언어는 로크가 묘사한 바와 같이 실재에 대한 관념을 형성하는 데에는 무익했다. 하지만 청중 가운데 생명력 있는 지식을 일깨우는 감정을 불러일으키는 데는 탁월한 효과가 있었다."[175] 그러면서 그 설교에서 특별한 것은 교리 자체가 아니라, 청중의 가슴을 파고들기 위해 사용한 비유적 표현이라고 평가한다.[176]

파이퍼는 에드워즈의 설교가 지닌 이러한 언어적 특징에 주목했다. 그래서 설교자들에게 비유와 이미지를 사용하도록 권면했다.[177] 에드워즈의 설교 전달 방식에 대한 드와이트의 설명도 참고할 가치가 있다.

> 그가 진리를 제시하는 생생한 방식은 아마 그의 두드러진 탁월함일 것이다. 복음의 교리는 그의 손에서 단지 추상적인 명제가 아니라 살아 있는 실재다. 그것은 저자의 믿음을 통해 독특하게 보인 진리와 생명과 열정으로 특색 있게 칠해져, 청중에게 이미 자기 마음에 있는 것과 같은 복음의 교리에 대한 강한 인상을 주지 않을 수 없는 것이다.[178]

비록 에드워즈가 설교의 목적을 감정을 고양시키는 데 두었지만, 설교를 통해 직접 감정에 호소하지는 않았다. 그러나 목사들이 청중의 지성보다 감정에 호소하려 한다는 비판에 대해서는 이렇게 답했다.

모든 감정은 지성이 어떤 것을 이해했을 때 생기는 것이 분명합니다. 또한 지성의 이해는 진리에 부합하는 것이든지 아니면 어떤 실수나 망상일 것입니다. 만일 그것이 진리에 부합하는 이해나 인식이라면 그것은 지성에 비친 빛입니다. 그러므로 우리가 여기서 제기해야 하는 질문은, 감정적인 설교자들이 감정을 자극했을 때 사람들의 마음에 일어난 신적이고 영원한 일들에 대한 인식과 이해가 진리에 부합하는 이해인가, 아니면 착각인가 하는 것입니다. 만일 전자의 경우라면 그 감정들은 일어나야 할 방식대로 제대로 일어난 것입니다.[179]

그러면서 그는 설교자로서 자신의 임무를 이런 말로 명확하게 밝혔다. "만일 나의 청중이 오직 진리로만 그리고 그들이 감동받는 것에 어울리는 감정으로 감동받는다면, 청중의 감정을 가능한 한 높게 고양시키는 것이 내 의무입니다."[180]

요약하면, 에드워즈가 보여 준 설교의 능력은 주로 두 가지 요인에 기인한다. 하나는 그가 설교 작성에서 사용한 치밀하고 체계적인 논증이다. 또 하나는 설교 전달에서 보여 준 그의 진지함과 열정이다. 드와이트는 에드워즈의 설교를 직접 들은 사람의 말을 통해 그 사실을 증명해 준다.

당신이 말하는 웅변력이, 청중에게 논증의 압도적인 무게와 대단한 감정의 강렬함으로 중요한 진리를 제시해, 설교자의 온 영혼을 설교 구상과 전달의 모든 부분에 집어넣음으로, 시종 모든 청중의 엄숙한 주의를 집중시켜 지울 수 없는 인상을 남기는 능력을 의미한다면, 에드워즈 씨는 내가 이제껏 들어 본 중에 가장 웅변적인 사람이었다.[181]

목양

목회적 수고

목사로서 에드워즈는 설교뿐 아니라 목양에도 힘을 쏟았다. 그는 한 설교에서 이렇게 말했다. "목사는 성경 연구와 자신이 부름 받은 목회의 일에서 근면해야 한다. 자신을 온전히 그 일에 바쳐야 한다."[182] 또 다른 설교에서는 이렇게 말했다. "목사는 일에 대한 그리스도의 근면과 수고의 본을 따라야 한다."[183] 실제로 그 자신은 목회적 수고를 아끼지 않았다. 마즈던은 스토다드에 이어 노샘프턴 교회의 지도자가 된 에드워즈에 대해, "언제나 그랬듯이 그는 너무 지나치게 일을 했다"[184]고 말한다. 여기에는 "목사의 모든 임무를 져야 하는 일"[185]도 포함되어 있었다. 또 그는 에드워즈의 최초의 전기 작가인 홉킨스의 말을 근거로, 에드워즈가 열정적으로 일했다고도 말한다.[186]

에드워즈가 이렇게 설교와 목양에 헌신한 것은 그것을 자신의 소명으로 확신했기 때문이다. 그는 하나님께서 자신을 그 일로 부르셨다는 것을 잘 알고 있었다. 이에 대해 마즈던은 이렇게 말한다.

> 우리는 에드워즈가 정해진 권위자들이 통치하고 있는 지역에 그가 부름 받았다는 것을 잘 알고 있었기 때문에 가능한 한 엄격하게 목회자의 역할에 충실하려고 했던 점을 고려해야만 한다. 그는 모세가 이스라엘을 인도하기 위해 부름 받은 것처럼 자신도 그의 회중을 인도하기 위해 부름 받았다고 생각했다.[187]

이처럼 에드워즈는 소명 의식이 분명했던 만큼 힘든 목회적 수고를 마다하지 않았다. 그래서 그는 자신이 23년간 섬긴 노샘프턴 교회에서 고별 설교를 통해 이렇게 말할 수 있었다.

> 나는 여러분과 함께하면서 목회는 참으로 큰 일이며, 대단히 조심스럽고 수고스러우며 어려운 일임을 알았습니다. 그 일을 하면서 내가 져야 했던 무거운 짐은 매우 많았으며, 내 힘만으로는 도저히 감당하지 못하는 것들이었습니다. 하나님은 이 짐을 지라고 나를 부르셨습니다. 그래서 나는 그분의 이름을 송축합니다. 그분은 내가 그 짐에 눌려 주저앉지 않도록, 그리고 여기서 그분의 능력이 나의 약함 가운데 나타나도록 나를 지탱해 주셨습니다.[188]

경건 훈련

에드워즈의 생애에서 두드러진 사실은, 그의 결심문이 잘 보여주듯 그가 경건 훈련에 힘썼다는 점이다. 그 훈련은 자신의 삶을 그리스도와 닮도록 하기 위한 그의 지속적이고 초인적인 노력이었다고 마즈던은 말한다.[189] 또 홉킨스의 전기를 근거로, 에드워즈가 날

마다 엄격한 훈련을 생활화했다고도 설명한다.[190] 비록 초기에 결심문대로 살려고 노력하는 과정에서 자신의 능력을 너무 많이 의존하긴 했지만,[191] 그가 무엇보다 경건을 엄격하게 추구한 점은 중요하다. 이 점에서 그는 당대에 실용주의를 좇았던 벤저민 프랭클린과 대비된다. 마즈던은 에드워즈의 결심문에 나타난 그의 주된 관심사가 경건이었음을 강조한다.

에드워즈의 결심문은 성공적인 삶을 위한 실천적인 훈련의 덕목으로 고안된 벤저민 프랭클린의 결심문과는 현저히 다르다. 청교도의 경건 훈련이 필연적으로 자아 성찰을 수반하긴 하지만, 에드워즈는 철저하게 그의 모든 인식의 최우선에 하나님을 두려고 노력했다. 프랭클린과는 달리, 그는 효과적인 삶보다 하나님의 법과 성도의 의무에 더 많은 관심을 기울였다. 그가 최우선순위에 둔 관심은, 정기적으로 성경을 연구하고 기도하는 시간을 빼먹지 않는 것과, 하나님에게 집중되어 있는 자신의 관심을 빼앗으려 하는 모든 정욕을 제어하는 것이었다. 그는 실제로 강철 같은 인격을 연마했다. 그러나 그의 목표는 그의 본성적 자아를 복종시킴으로써 하나님의 법과 뜻에 온전히 순종하게 되는 것이었다.[192]

따라서 에드워즈의 삶에 대해 그가 결론적으로 내린 평가는 다음과 같다.

에드워즈는 몇 가지 분명한 결점에도 불구하고, 자신이 갈망했던 가장 고결한 개혁주의적인 영적 기준에 따라 살았던 성도였다. 물론, 반대자들은 에드워즈를 경건한 체하는 사람으로 보았다. 그러나 그렇게 철저하게 훈련된 사람이 거의 드물다는 것을 모두가 인정할 것이다. 하나님의 뜻을 알고 그것에 복종하고자 하는 갈망에 그렇게 철저하게 일치했다는 증거가 그토록 기록으로 많이 남아 있는 경우도 거의 없다.[193]

이렇게 경건 훈련에 힘썼던 에드워즈는 자신이 목양하는 노샘프턴 사람들에게도 훈련을 강조했다. 마즈던은 에드워즈 자신이 전적인 충성을 추구했다면서 이렇게 말한다.

그는 노샘프턴 사람들에게도 거의 똑같이 대하면서 엄격한 훈련을 유지하고, 진심 어린 충성을 요구하며, 그들이 다른 반응을 보일 때는 만족하지 않았다. 그는 자신에 대한 충성은 두 번째라고 생각했다. 첫 번째는 당연히 삼위 하나님에 대한 충성

이었다. 그것은 모든 세상적인 감정과 충성을 철저하게 포기하는 것을 의미했다.[194]

그렇기에 에드워즈의 목양에서 두드러진 점은, 그가 노샘프턴 사람들에게 경건을 지속적으로 요구했다는 것이다. 목회 초기에는 그들의 도덕적 타락, 특히 젊은이들의 방종을 지적하고 책망했다. 그는 관용의 원칙에 따라 주의 깊고 온화한 태도로 그 일을 했는데, 이는 나중에 훌륭한 결과로 나타났다.[195] 곧 그것이 결국 부흥을 가져올 변화의 바람으로 이어졌기 때문이다. 마즈던은 1731년에 나타나기 시작한 이 변화의 분위기에 대해 이렇게 말한다.

> 그것은 모두 젊은 사람들과 함께 시작되었다. 스토다드의 말년부터 싹트기 시작했던 그들의 권위에 대한 도전은 그의 사망 직후 절정을 이루었다. 그러나 에드워즈가 자신의 권위를 세워가며 그들의 죄를 지적하고, 그들의 영혼에 대한 깊은 애정을 보이면서 효과가 나타나기 시작했다.[196]

여기서 주목할 것은 1734년 부흥이 일어나기까지 에드워즈 자신이 젊은 시절에 추구했던 경건의 역할이다. 마즈던은 이 부흥의 시발점이 된 한 젊은이의 죽음과 관련해 이렇게 말한다.

> 에드워즈의 전 생애는 이 순간을 포착할 수 있도록 준비되어 있었다. 두 번이나 죽음의 문턱까지 갔다 왔던 그는 대부분의 젊은 시절 동안 세상의 기쁨을 사랑하는 것이 영원한 기쁨을 생각할 때 얼마나 어리석은지에 대해 묵상하며 보냈다.[197]

자신의 삶이 이러했기에 그는 이 젊은이의 죽음 앞에서 노샘프턴 젊은이들에게 경고했다. 자신이 그랬듯 그들도 헛된 일로 인생을 낭비하지 않기를 바란 것이다. 결국 젊은이들은 이 충격적인 사건을 통해 자신들의 방탕한 삶을 돌아보게 되었다. 여기에는 젊은 날 에드워즈의 경건이 중요한 요인으로 작용한 것이다.

심방과 상담

에드워즈는 목사로서 교인들의 경건을 증진시키기 위해 노력했다. 이를 위해 가장 힘쓴 것은 물론 설교였다. 이에 비해 심방에는 힘을 덜 쏟았다. 에드워즈는 일반적으로 과묵하고 내성적인 사람으로 알려져 있다. 마즈던에 따르면, "그는 '말하기를 더디 하라'는 성경의 가르침에 충실하여 꼭 할 말이 있을 때에만 말을 했다"[198]고 한다. 또 그는 홉킨스의 말을 인용해, "그는 생기가 부족했으며, 대인관계에서 요구되는 상냥하고 익살스러운 신사의 모습을 갖추는 데 필요한 호탕한 목소리도 갖지 못했다"[199]고 말한다. 이러한 자신의 특성과 과중한 목회 사역 때문에 에드워즈는 심방에 적극적이지 않았다. 마즈던은 이에 대해 이렇게 말한다.

> 목회 사역의 부담을 줄이기 위해 에드워즈는 우선 그의 가장 좋은 은사로 하나님을 섬겨야 한다고 결심했다. 따라서 병든 자들과 긴급한 상황을 제외하고는, 뉴잉글랜드 목사들에게 일반적으로 요구되었던 교인 심방을 자제했다. 그는 상담에 익숙하지 않고, 종종 사교적인 기분이 들지 않기도 하므로, 그런 일상적인 심방 요청은 그의 약한 기력을 저하시키고 너무 많은 시간을 소모하게 했다. 만일 교구민들에게 특별한 필요가 있으면, [그의 서재에서] 영적인 일들에 대해 그들과 기꺼이 상담을 했다.[200]

이처럼 에드워즈는 심방에 소극적이었다. 그러나 신앙적 도움을 얻고자 자신의 서재에 찾아온 사람들과 상담하는 일을 게을리하지 않았다.[201] 그래서 부흥의 시기에 사람들이 그의 충고와 지도를 받고자 그의 서재에 모여들었다.

소그룹 신앙 모임

에드워즈는 1734년 부흥이 확산될 때 젊은이들의 경건을 촉진하기 위한 신앙 모임을 만들도록 장려했다. 그 결과 사회적 신앙과 기도를 위해 나이와 성별에 따라 집에서 모이는 소그룹들이 생겨나게 되었다. 이에 대해 마즈던은 이렇게 평가한다.

더 작고 사적인 신앙 모임들을 조직하도록 주민들을 설득함으로써 에드워즈는 청교도 운동의 기본적 요소 가운데 하나를 부활시켰다. 그런 기도 모임들은 영국인들이 정착하던 초기부터 강의가 있던 목요일 저녁마다 뉴잉글랜드에서 계속되어 왔다. 그러나 그들은 분명히 생명력을 잃어버렸다. 본래의 청교도들이 빈번하게 압제를 받던 엘리자베스 시대의 영국에서는 이웃들의 비밀 집회가 종종 운동의 중심이었다. 청교도주의에서 평신도 영성을 장려하는 것보다 더 특징적인 것은 없었다. … 평신도 모임의 부활은 노샘프턴 대각성을 청교도주의뿐 아니라 당대의 영국과 유럽 경건주의의 부흥과 묶어 주었다. 18세기 초 개신교 세계 전역에 걸친 부흥은 평신도 기도 모임의 회복으로 특징지어졌다.[202]

새로운 찬송가

위와 같은 사적 모임에서 에드워즈는 새로운 찬송가를 사용했다. 그것은 찬송가가 미치는 효과에 대한 그의 믿음 때문이었다. 마즈던은 이렇게 기록했다.

> 에드워즈는 점점 번성해 가는 사회적 기도 모임에서 새로운 찬양을 권장했다. 성도들이 가끔씩 합창곡 또는 세 파트의 곡들을 배워 왔기 때문에, 에드워즈는 그들이 "이전에 내가 예배의 한 외형적인 면에서 보았던 것들을 모두 뛰어넘어, 세 파트의 음악을 거의 규칙적으로 잘 도입하여, 여자들도 그중에 한 파트를 맡을 수 있을 것이다"라고 믿었다. 공예배에서는 여전히 시편 찬송만 불렀다. 사적인 모임에서는 아이작 와츠의 찬송가를 부를 수도 있고 배울 수도 있어, 이것이 그 모임을 더욱 즐겁게 해주었다. 에드워즈는 노래를 배우는 것이 영적인 의무라고 믿

었다. [그것은 다른 사람의 믿음을 격려하기 위해 성경적으로 명령된 방식이었고, 참된 영성에 필수적인 정서를 고양하는 데에 칭찬할 만한 효과가 있었다.][203]

이 무렵 에드워즈는 예배를 통해 찬송가가 정서에 미치는 효과를 경험하고 있었다. 그는 당시의 경험을 이렇게 말해 준다. "예배 순서 가운데 그들에게 가장 큰 영향을 미친 것은, 일반적으로 하나님에 대한 찬송을 부르는 부분이었습니다."[204] "우리 가운데 하나님의 성도들이 거룩한 예배에서 하나님을 찬양할 때처럼 그토록 은혜가 충만하고 그토록 마음이 고양되었던 적은 거의 없었습니다."[205]

노샘프턴 교회의 공예배에 새로운 찬송가가 도입된 것은 1742년경으로, 새뮤얼 뷰얼이 이 일을 맡았다.[206] 에드워즈는 이 개혁을 기꺼이 수용했는데, 이는 스스로 밝힌 바와 같이 새로운 찬송가의 가치와 유익을 확신했기 때문이다.

저는 우리 공중 예배에서 시편 찬송을 팽개쳐 버려야 한다고 절대 생각지 않습니다. 오히려 저는 기독교회가 세상 끝 날까지 항상 시편 찬송을 사용해야 한다고 믿습니다. 그러나 우리가 꼭 그것만 사용하라는 법을 저는 찾을 수 없습니다. 제가 하나님의 말씀에서, 우리가 찬송할 때 성경 말씀만 사용해야 한다는 명령이나 규칙을 찾지 못하는 것은, 우리가 기도할 때 성경에 나오는 말씀만 가지고 해야 된다는 명령이나 규칙을 성경에서 찾지 못하는 것과 다를 바 없다고 봅니다. 우리는 찬송과 기도를 통해 하나님께 말씀드립니다. 우리가 찬송이나 시나 음악으로 그분에게 말씀드릴 때 성경에 있는 특별한 형태의 말씀만 사용해야 할 이유를 발견할 수 없는 것은, 우리가 산문 형태로 기도와 간구를 함으로써 그분에게 말씀드릴 때 성경에 있는 말만 사용해야 할 이유를 발견하지 못하는 것과 마찬가지입니다. 우리는 다윗의 시편 외에도 다른 찬양들을 하는 것이 참으로 필요합니다. 그리스도의 교회가, 영원히 그리고 심지어 하나님과 어린 양을 찬양하는 데 있어 가장 큰 빛을 받는 이 시대에, 구약성경의 말씀만 사용해야 한다고 생각하는 것은 불합리합니다.[207]

요약

사도 바울은 자신이 사도가 된 목적을 이렇게 말했다. "나 바울이 사도 된 것은 하나님이 택하신 자들의 믿음과 경건함에 속한 진리의 지식과 영생의 소망을 위함이라"(딛 1:1-2). 조나단 에드워즈가 목사가 된 목적도 마찬가지였다. 특히 그의 설교와 목양에서 두드러진 사실은, 그가 남다른 근면과 열심으로 "경건함에 속한 진리의 지식"을 추구한 점이다. 그에게 경건과 진리의 지식은 결코 나뉠 수 있는 것이 아니었다. 그래서 그는 자신의 삶에서 드러난 경건의 권위로 성경에서 발견한 진리를 힘 있게 전할 수 있었다. 그 결과 그의 목회에는 두 번에 걸친 괄목할 만한 부흥이 있었다. 비록 성경과 역사를 이해하는 데 한계가 있었고, 노예제도와 관련된 도덕적 결점이 있었지만, 그는 자신의 삶과 목회 사역에서 일관된 자세로 진리와 경건을 추구했다. 이 점에서 그는 오늘날 목회자들의 중요한 본보기로 남아 있다.

주 / 참고문헌

1   Christopher Catherwood, *Martyn Lloyd-Jones: His Life and Relevance for the 21st Century* (Wheaton, IL: Crossway, 2015), p.31.

2   Iain Murray, *The Forgotten Spurgeon* (Edinburgh: The Banner of Truth Trust, 1966), p.7.

3   Jonathan Edwards, *The Works of Jonathan Edwards Vol. 1; The Freedom of the Will*.『의지의 자유』, 김찬영 역(서울: 부흥과개혁사, 2016), p.204.

4   George M. Marsden, *Jonathan Edwards: A Life*.『조나단 에드워즈 평전』, 한동수 역(서울: 부흥과개혁사, 2006), p.736, n. 4.

5   D. M. Lloyd-Jones, *The Puritans*.『청교도 신앙: 그 기원과 계승자들』, 서문강 역(서울: 생명의말씀사, 1990), p.222.

6   Tom Nettles, *Living by Revealed Truth*.『스펄전 평전』, 김재모, 임원주 역(서울: 부흥과개혁사, 2016), p.325에서 재인용.

7   *Jonathan Edwards and the American Experience*, eds. Nathan O. Hatch and Harry S. Stout (New York: Oxford University Press, 1988)에 실린 William Breitenbach, "Piety and Moralism: Edwards and the New Divinity," pp.179-180.

8　Phillips Brooks, *On Preaching*.『필립스 브룩스 설교론』, 서문강 역(서울: 크리스천다이제스트, 1995), p.124.

9　Martyn Lloyd-Jones, *Revival*.『부흥』, 서문강 역(서울: 생명의말씀사, 1988), p.72.

10　Martyn Lloyd-Jones, *Romans: The Gospel of God*.『로마서 강해: 하나님의 복음』, 서문강 역(서울: 기독교문서선교회, 1999), pp.209-210.

11　Nettles,『스펄전 평전』, p.940.

12　John Piper, *A Camaraderie of Confidence: The Fruit of Unfailing Faith in the Lives of Charles Spurgeon, George Müller, and Hudson Taylor*.『확신의 영웅들: 찰스 스펄전·조지 뮬러·허드슨 테일러』, 황의무 역(서울: 부흥과개혁사, 2017), p.60.

13　Marsden,『조나단 에드워즈 평전』, p.196.

14　Iain H. Murray, *John MacArthur: Servant of the Word and Flock* (Edinburgh: The Banner of Truth Trust, 2011), pp.76, 145.

15　Iain H. Murray, *The Life of D. Martyn Lloyd-Jones, 1899-1981* (Edinburgh: The Banner of Truth Trust, 2013), 뒤표지에서 재인용[이안 머레이,『마틴 로이드 존스』, 오현미 역(서울: 복있는사람, 2016)].

16　Catherwood, *Martyn Lloyd-Jones: His Life and Relevance for the 21st Century*, p.12.

17　John Piper, *Expository Exultation* (Wheaton, IL: Crossway, 2018), pp.13-14.

18　Murray, *The Life of D. Martyn Lloyd-Jones, 1899-1981*, p.55.

19 같은 책, p.57.

20 같은 책, p.67.

21 같은 책, p.71.

22 같은 책, p.78.

23 로이드 존스는 이렇게 말한 적이 있다. "나는 개척 교회 사역을 하기 위해 일부러 남부 웨일스의 93명의 회원이 있는 작은 선교 센터로 갔다"[John Brencher, *Martyn Lloyd-Jones(1899-1981) and Twentieth-Century Evangelicalism* (Carlisle: Paternoster Press, 2002), 13에서 재인용]. 베단 로이드 존스도 "교인 명부를 살펴보았더니 90명 정도였다"고 기록했다[Bethan Lloyd-Jones, *Memories of Sandfields*, 『샌드필즈의 추억』, 전의우 역(서울: 복있는 사람, 2014), p.21]. 그러나 이안 머레이는 146명을 공식 인원으로 언급한다(Murray, *The Life of D. Martyn Lloyd-Jones, 1899-1981*, p.131).

24 이안 머레이는 "3천 파운드의 미지급 부채 외에도 은행에 220파운드의 초과 인출이 있었다"고 밝힌다(Murray, *The Life of D. Martyn Lloyd-Jones, 1899-1981*, 77).

25 Murray, *The Life of D. Martyn Lloyd-Jones. 1899-1981*, p.110.

26 같은 책, p.137. 그러나 로이드 존스는 이에 대해 침묵했다. "그는 사람들이 그들 가운데서 목격한 것을 '부흥'이라고 언급한 적이 결코 없었다"(p.144).

27 John J. Murray, *Catch the Vision*, 『현대 영국 개혁주의 부활』, 김병규 역(서울: 부흥과개혁사, 2010), p.63에서 재인용.

28 Murray, *The Life of D. Martyn Lloyd-Jones, 1899-1981*, p.155.

29 같은 책, p.267.

30 Brencher, *Martyn Lloyd-Jones(1899-1981) and Twentieth-Century Evangelicalism*, p.24에서 재인용.

31 같은 책, p.25.

32 David Martyn Lloyd-Jones, *Preaching and Preachers*. 『설교와 설교자』, 정근두 역(서울: 복있는사람, 2012), p.21.

33 같은 책, p.43.

34 Murray, *The Life of D. Martyn Lloyd-Jones, 1899-1981*, p.88.

35 같은 책, p.253.

36 Lloyd-Jones, 『설교와 설교자』, p.53.

37 같은 책, p.48.

38 같은 책, p.53.

39 Murray, *The Life of D. Martyn Lloyd-Jones, 1899-1981*, p.102. 그는 "성령의 기름부음은 준비 위에 임한다고 보는 것이 바른 생각입니다"(p.493)라고 말하기도 했다.

40 같은 책, p.267.

41 정근두, 『로이드 존스의 설교론』(서울: 여수룬, 1993), p.179.

42 Lloyd-Jones, 『설교와 설교자』, pp.349-350.

43 이 점은 『설교와 설교자』에서 두드러지게 나타난다. "저는 이것(설교문의 형식)이 가장 어려운 문제인 동시에 가장 중요한 문제이기도 하다는 점을 강조하고 싶습니다"(p.118). "그러므로 제가 제시하는 명제는 '설교문은 언제나 강해로 작성되어야 한다'는 것입니다. 그러나 연이어 이 문제 전반에 걸쳐 제가 가장 중요하다고 생각하는 점(설교문은 특징적인 형식을 갖는다는 점)을 밝혀야겠습니다"(p.120). "이것이 설교문에 대한 저의 생각이며, 제가 강조하는 바 '형식'이라는 개념에 담긴 의미입니다"(pp.128-129). "기꺼이 고백하지만, 저는 바른 문단 나누기와 형식의 문제가 아주 중요하다고 생각하기 때문에"(p.345). "저는 형식의 중요성을 최대한 강력하게 주장하는 동시에"(p.346).

44 Iain H. Murray, *Lloyd-Jones: Messenger of Grace* (Edinburgh: The Banner of Truth Trust, 2008), p.103.

45 Lloyd-Jones, 『설교와 설교자』, pp.338-339.

46 같은 책, pp.127-128. 이와 관련해 그는 자신이 설교자의 지적 훈련의 중요성을 강조하는 이유를 이렇게 말한다. "제가 이 점을 강조하는 이유는, 앞서 살펴본 대로 설교문에는 논리적인 요소가 있어야 하고 사고의 진전이 나타나야 하기 때문입니다"(p.192).

47 같은 책, p.130. 그는 자신의 경험을 근거로 이렇게 말한다. "여하튼 저는 설교가 마음속에 분명하게 정리되어 있지 않으면 남들에게 전할 수가 없습니다. 물론 정리되지 않아도 강단에 서서 말은 할 수 있겠지만, 그럴 경우에는 사람들을 도와주기보다는 오히려 혼란에 빠뜨릴 것입니다. 제가 설교의 배열과 형태의 문제를 그토록 중시하는 이유, 설교의 형태가 잡힐 때까지 씨름하라고 주장하는 이유가 여기 있습니다"(p.344).

48 같은 책, pp.131-132.

49 같은 책, pp.161-162.

50 같은 책, p.162.

51 같은 책, p.140. 그는 종교개혁자들의 설교가 현대 설교와 다른 점이 여기에 있다고 보았다. "그들은 제사장적 설교가 아니라 예언자적 설교를 했습니다. 그러나 오늘날 우리가 듣는 설교는 주로 제사장적 설교입니다. 자상하고 조용하며 수려한 문체와 문장으로 이루어진, 잘 짜인 설교가 주를 이룹니다. 그런 설교는 예언자적 설교가 아닙니다. 예언자적 설교에는 권위가 필요합니다. … 그들의 설교에는 권위가 있었습니다. 그것은 선포이자 외침이었습니다" [Martyn Lloyd-Jones, *John Knox and The Reformation*, 『존 녹스와 종교개혁』, 조계광 역(서울: 지평서원, 2011), pp.43-44].

52 Murray, *The Life of D. Martyn Lloyd-Jones, 1899-1981*, pp.307-308.

53 Lloyd-Jones, 『설교와 설교자』, p.523.

54 Murray, *The Life of D. Martyn Lloyd-Jones, 1899-1981*, p.88.

55 같은 책, p.153.

56 같은 책, p.90.

57 같은 책, p.164. 이러한 그의 생각은 1943년 10월 3일에 행한 글래스고 전도대회 개회식 설교에서도 나타난다. "여러 활동에 돌입하기 전에 우리가 직면한 문제의 본질을 알고 있는지 확인해 보자. … 다른 말로 하면, 나는 우리 각자의 부르심이 그저 이 거대한 조직적 캠페인을 일반적으로 돕는 데만 있지 않다고 본다. 그 부르심은 특별히 하나님만이 주실 수 있는 영적 부흥을 위해 기도하는 일에 우리 자신을 바치고 헌신하는 것이다. 나는 우리가 스스로의 상황을 충분히 진단하지 않는다는 것이 염려스럽다. 우리는 여전히 우리 방식을 확신한다. 나는 우리가 문제의 본질을 깨달아 무릎 꿇고 하나님을 기다리는 상태가 되지 않는 한 우리에겐 아무 소망이 없다고 생각한다"(p.234).

58　Lloyd-Jones, 『설교와 설교자』, p.303.

59　Murray, *The Life of D. Martyn Lloyd-Jones, 1899-1981*, pp.147-148.

60　Brencher, *Martyn Lloyd-Jones(1899-1981) and Twentieth-Century Evangelicalism*, p.77.

61　John Peters, *Martyn Lloyd-Jones, Preacher*. 『마틴 로이드 존스 평전』, 서문강 역(서울: 지평서원, 2007), p.112에서 재인용.

62　Murray, *The Life of D. Martyn Lloyd-Jones, 1899-1981*, p.107.

63　같은 책, p.202.

64　같은 책, p.251.

65　같은 책, p.268. 이 '교제와 토론을 위한' 금요 모임은 1939년부터 1940년까지 월요일 저녁에 모이던 '교제와 토론' 모임을 금요일로 옮긴 것으로, 이후 1952년까지 지속되었다(p.252).

66　Peters, 『마틴 로이드 존스 평전』, p.174.

67　Bethan Lloyd-Jones, 『샌드필즈의 추억』, p.29.

68　Murray, *The Life of D. Martyn Lloyd-Jones, 1899-1981*, p.252.

69　같은 책, p.302.

70　Lloyd-Jones, 『설교와 설교자』, p.423.

71　Martyn Lloyd-Jones, *Let Everybody Praise the Lord*. 『만입의 고백 찬양』, 송용자 역(서울: 지평서원, 2008), p.31.

72　Lloyd-Jones, 『설교와 설교자』, pp.432-433.

73　Murray, *The Life of D. Martyn Lloyd-Jones, 1899-1981*, pp.302-303, 309.

74　C. H. Spurgeon, *An All-Round Ministry* (Edinburgh: The Banner of Truth Trust, 1960), v.

75　*Commenting and Commentaries*(1876), 『목회자 후보생들에게』(1881), 『영혼 인도자에게 전하는 글』(1895), 『무한한 목회의 광맥이 보인다』(1896), 『스펄전 목회론』(1900) 등이 여기에 해당된다. 또 스펄전의 목회에 대한 연구서로는 *The Forgotten Spurgeon*(1966), 『목회자의 능력: 스펄전의 파워목회 연구』(1993), 『스펄전 평전: 찰스 스펄전의 생애와 목회신학』(2016) 등이 있다.

76　Ian H. Murray, *The Forgotten Spurgeon* (Edinburgh: The Banner of Truth Trust, 1966), pp.4-5.

77　Arnold Dallimore, *Spurgeon: A New Biography*. 『찰스 스펄전』, 전의우 역(서울: 복있는사람, 2017), p.128.

78　*A Marvelous Ministry*, ed., Erroll Hulse에 실린 Geoff Thomas, "The Preacher's Progress." 『목회자의 능력: 스펄전의 파워목회 연구』, 김태곤 역(서울: 생명의 말씀사, 2003), p.83에서 재인용.

79　Nettles, 『스펄전 평전』, p.33에서 재인용.

80　Dallimore, 『찰스 스펄전』, p.47.

81　같은 책, p.56에서 재인용.

82　같은 책, pp.38-39에서 재인용.

83   Nettles, 『스펄전 평전』, p.147에서 재인용.

84   같은 책, p.161에서 재인용.

85   Dallimore, 『찰스 스펄전』, p.160에서 재인용.

86   Spurgeon, *An All-Round Ministry*, xii에서 재인용.

87   Dallimore, 『찰스 스펄전』, p.197에서 재인용.

88   *A Marvelous Ministry*, ed., Erroll Hulse에 실린 David Kingdon, "Spurgeon and the Downgrade Controversy." 『목회자의 능력: 스펄전의 파워목회 연구』, pp.211-212.

89   Dallimore, 『찰스 스펄전』, pp.341-343에서 재인용.

90   Nettles, 『스펄전 평전』, p.856에서 재인용.

91   Charles Haddon Spurgeon, *Lectures to My Students*. 『목회자 후보생들에게』, 원광연 역 (고양: 크리스천다이제스트, 2009), pp.149-150.

92   같은 책, pp.131-132.

93   같은 책, p.112.

94   같은 책, pp.113-114.

95   같은 책, pp.120-121.

96   www.cblibrary.org/biography/spurgeon/spurg_v2/spau2_19.htm

97   Thomas, "The Preacher's Progress," p.106. 이와 관련해 톰 네틀즈는 이런 사실

을 알려 준다. "호잇은《크리스천 리뷰》의 기고가인 G. N. 허비에게 '스펄전의 설교 가운데 한 단어도 설교 전에 기록된 것은 없었고' 속기사의 오류를 교정하는 경우에만 펜을 사용했다고 [확인해 주었다] … 훗날 전승에 따르면 스펄전은 설교를 준비할 때 펜을 완전히 내려 놓지 않으면서 그만 알아볼 수 있는 간단한 메모를 작성했다"(Nettles, 『스펄전 평전』, pp.247-248).

98　Spurgeon, 『목회자 후보생들에게』, pp.223-224에서 재인용.

99　같은 책, p.224.

100　같은 책, p.222.

101　같은 책, p.213.

102　같은 책, p.209.

103　같은 책, pp.483-484.

104　같은 책, pp.214-215.

105　이 내용은 Spurgeon, 『목회자 후보생들에게』 14장 "우리의 사역 속에 역사하시는 성령"과 Murray, *The Forgotten Spurgeon*, pp.35-44를 참고하라.

106　C. H. Spurgeon, *The Greatest Fight in the World*. 『무한한 목회의 광맥이 보인다』, 박윤정, 장밀알 역(서울: 멘토, 1999), p.86.

107　Spurgeon, 『목회자 후보생들에게』, pp.219-220.

108　Nettles, 『스펄전 평전』, pp.447-448.

109　이와 함께 그는 무엇보다 먼저 성령을 의지해야 할 필요성을 강조했다. "회심이란 하나님께서 하시는 일이므로, 우리는 하나님의 성령께 전적으로 의지하

고 사람들의 생각을 바꾸시는 그의 능력을 바라보아야 합니다. … 하나님의 성령이 필요하다는 것을 진정으로 지각하고 있다면, 그의 가르치심에 더욱더 의지하기를 힘써야 하지 않겠습니까? 그의 거룩한 기름부음을 얻기 위해 더욱더 끈질기게 기도해야 하지 않겠습니까? 설교할 때에도 성령께서 역사하시도록 더욱더 많은 여지를 남겨 놓아야 하지 않겠습니까? 우리가 실질적으로 —물론 교리적으로는 아니겠지만—성령을 무시하기 때문에, 우리의 많은 수고가 실패로 돌아가는 것은 아닙니까? … 우리는 그의 손에 붙잡힌 도구들이며, 그 이상 아무것도 아닙니다"(Spurgeon, 『목회자 후보생들에게』, p.534).

110　Spurgeon, 『목회자 후보생들에게』, p.547.

111　Nettles, 『스펄전 평전』, pp.447-448에서 재인용.

112　C. H. Spurgeon, *Only a Prayer Meeting*. 『기도회로 교회를 살려라』, 조계광 역(서울: 생명의말씀사, 2007), pp.8-9.

113　Nettles, 『스펄전 평전』, p.412.

114　Spurgeon, 『기도회로 교회를 살려라』, pp.24-25.

115　Nettles, 『스펄전 평전』, p.428에서 재인용.

116　같은 책, p.428.

117　찬양에 대한 스펄전의 생각은 C. H. Spurgeon, *Spurgeon on Praise*. 『하나님을 높여라』, 박민희 역(의정부: 드림북, 2011)을 참고하라.

118　Nettles, 『스펄전 평전』, p.424.

119　이 기도의 내용은 딘스 데일 영, 『스펄전의 기도』, 최종상 역(서울: 생명의말씀사, 1982)에서 볼 수 있다.

120 Dallimore, 『찰스 스펄전』, p.232.

121 유아세례에 대한 스펄전의 입장은 1865년에 행한 "세례 중생설"이란 제목의 설교에 잘 나타난다. 그는 이 설교에서 유아세례가 중생을 의미한다고 가르친 성공회 교리문답을 비판했다. 이 설교는 곧 '세례 중생설' 논쟁을 불러일으켰다.

122 Thomas, "The Preacher's Progress", 93에서 재인용. 교인 자격에 대해서는 Nettles, 『스펄전 평전』, pp.397-403, 449-450을 참고하라.

123 Nettles, 『스펄전 평전』, p.430.

124 같은 책, p.432, 434.

125 같은 책, p.212에서 재인용.

126 Dallimore, 『찰스 스펄전』, p.262. 앤더슨은 "메트로폴리탄 교회는 외국 선교 단체들에게 막대한 후원금을 지급하는 일 외에도 독일의 두 도시에서 사역하는 선교사들과 두 개 이상의 사역을 지원했다"고 말한다[클라이브 앤더슨, 『찰스 스펄전과 떠나는 여행』, 송용자 역(서울: 부흥과개혁사, 2006), pp.69-70].

127 Nettles, 『스펄전 평전』, p.155에서 재인용. 또 다른 설교에서 그는 이렇게 말했다. "나는 영광스러운 은혜 교리를 숨긴 적이 없습니다. 은혜 교리를 설교할 때 십자가의 원수들은 나를 율법폐기론자라고 불렀습니다. 나는 인간의 엄숙한 책임에 대해 설교하기를 두려워한 적이 없습니다. 다른 부류는 나를 아르미니우스주의자라고 비방했습니다"(p.167).

128 스펄전과 극단적 칼빈주의자들 사이의 논쟁에 대해서는 Iain H. Murray, *Spurgeon v. Hyper-Calvinism* (Edinburgh: The Banner of Truth Trust, 1995)을 참고하라.

129 Murray, *The Forgotten Spurgeon*, p.58.

130 Nettles, 『스펄전 평전』, p.143.

131 같은 책, p.151.

132 같은 책, pp.207-208.

133 David Kingdon, 『목회자의 능력: 스펄전의 파워목회 연구』, p.235. 스펄전은 다른 곳에서 이렇게 말한 적이 있다. "현대 신학처럼 현대 비평은 식물을 말리고 태우는 열풍 같고, 신선함이나 감동이 없으며, 스스로 하나님께 복을 받지 못하고 사람들에게도 복을 주지 못하는 것임이 판명되고 있다"[Iain H. Murray, *Evangelicalism Divided* (Edinburgh: The Banner of Truth Trust, 2000), p.271에서 재인용].

134 Nettles, 『스펄전 평전』, p.288에서 재인용.

135 Iain H. Murray, *The Life of D. Martyn Lloyd-Jones, 1899-1981*. 『마틴 로이드 존스』, 오현미 역(서울: 복있는사람, 2016), p.226.

136 Lloyd-Jones, 『청교도 신앙: 그 기원과 계승자들』, p.365.

137 John Piper, *Don't Waste Your Life*. 『삶을 낭비하지 말라』, 전광규 역(서울: 성서유니온선교회, 2004), p.35.

138 *A God Entranced Vision of All Things: The Legacy of Jonathan Edwards*. Eds. John Piper, Justin Taylor. 『하나님 중심적 세계관』, 이용중 역(서울: 부흥과개혁사, 2007), p.26.

139 John Piper, *God's Passion for His Glory*. 『하나님의 영광을 위한 하나님의 열심』, 백금산 역(서울: 부흥과개혁사, 2003), p.51.

140　Piper, 『하나님 중심적 세계관』, pp.22-23.

141　Marsden, 『조나단 에드워즈 평전』, p.722. 파이퍼는 페리 밀러가 "에드워즈의 신앙을 공유하지는 않고 있다"는 점을 지적한다(Piper, 『하나님의 영광을 위한 하나님의 열심』, p.42).

142　이 상황을 두고 레서(M. X. Lesser)는 이렇게 말한다. "이윽고 18세기 목사는 20세기 지적인 역사가를 지배하게 되었고, 밀러의 수고는 다른 이들의 수고를 지배하게 되었다"[John Carrick, *The Preaching of Jonathan Edwards* (Edinburgh: The Banner of Truth Trust, 2008), p.12에서 재인용].

143　루카스(Sean Michael Lucas)는 이 점을 지적한다. "설교자 에드워즈에 대한 연구는 놀랍게도 많지 않습니다. … 마찬가지로 목사로서의 사역이나 연구에 대한 에드워즈의 견해는 주목을 받지 못했습니다"[Sean Michael Lucas, *The Legacy of Jonathan Edwards*, 『조나단 에드워즈의 유산』, 장호익 역(서울: 부흥과개혁사, 2009), pp.378-379].

144　Iain H. Murray, *Jonathan Edward A New Biography*, 『조나단 에드워즈 삶과 신앙』, 윤상문, 전광규 역(서울: 이레서원, 2005), pp.666-667. 에드워즈에 대한 로이드 존스의 소개는 Lloyd-Jones, 『청교도 신앙: 그 기원과 계승자들』, pp.359-382를 참고하라.

145　Lucas, 『조나단 에드워즈의 유산』, p.377.

146　이 콘퍼런스에서 파이퍼가 강연한 내용은 Piper, 『하나님 중심적 세계관』, pp.20-43에서 볼 수 있다.

147　Carrick, *The Preaching of Jonathan Edwards*, p.18.

148　Lee, Sang Hyun. *The Princeton Companion to Jonathan Edwards*, 『조나단 에드워즈의 신학』, 이용중 역(서울: 부흥과개혁사, 2008), p.464. 이는 "그의

연구의 상당 부분은 설교를 준비하는 실제적인 목표를 향해 있었으며, 구령의 열정과도 밀접하게 연결되었다"는 마즈던의 설명과 일치한다(Marsden, 『조나단 에드워즈 평전』, p.625).

149 Marsden, 『조나단 에드워즈 평전』, p.54.

150 Sereno E. Dwight, "Memoirs," in *The Works of Jonathan Edwards,* Vol. 1 (Edinburgh: Banner of Truth Trust, 1974), xii.

151 같은 책, xiii.

152 Murray, 『조나단 에드워즈 삶과 신앙』, p.91.

153 같은 책, p.99.

154 같은 책, p.105.

155 같은 책, pp.171-172.

156 Marsden, 『조나단 에드워즈 평전』, pp.413-414.

157 Stephen J. Nichols, *Jonathan Edwards: A Guided Tour of His Life and Thought,* 『조나단 에드워즈의 생애와 사상』, 채천석 역(서울: 기독교문서선교회, 2005), p.62.

158 이와 관련해 머레이는, "초기 설교에서부터 그는 엄청난 노력을 들인 설교를 계속해서 만들었다. … 어쨌든 주일 설교들과 주중 강해를 준비하는 데 얼마나 많은 시간이 드는지에 관해서 그의 청중들은 거의 알지 못했다"고 말한다 (Murray, 『조나단 에드워즈 삶과 신앙』, pp.213-214).

159 세레노 드와이트는, "그는 사역을 시작할 때부터 매주의 시간을 오로지 설

교 준비에만 바치지 않고, 그 시간의 많은 부분을 성경 연구와 더 어렵고 중요한 신학의 주제들을 탐구하는 데 쓰기로 결심했다"고 말한다(Dwight, *The Works of Jonathan Edwards Vol. 1*, xxxviii).

160 Charles Bridges, *The Christian Ministry*, 『참된 목회』, 황영철 역(서울: 익투스, 2011), p.287. 이것은 새뮤얼 홉킨스의 증언에 기초한 것이다. 홉킨스는 설교자로서 에드워즈의 탁월함을 그의 세 가지 자질에서 비롯된 것으로 본다. "첫째, 설교를 작성하기 위해 그가 경험해야 했던 고통들이다. 특히 그가 설교자로서 초기에 겪었던 고통들은 후세의 설교자들이 기억할 만한 가치가 있다. … 둘째, 영적인 문제에 대한 폭넓은 경험과 지식, 그리고 성경에 대한 지식이다. … 셋째, 그는 자신의 마음을 확실히 이해했을 뿐만 아니라 영적 진리에 대한 기쁨을 가지고 있었으며, 진실되고 실험적인 태도 또한 잃지 않았다" [Douglas A. Sweeney, *Jonathan Edwards and the Ministry of the Word*, 『조나단 에드워즈의 말씀 사역』, 김철규 역(서울: 복있는사람, 2011), pp.89-90에서 재인용].

161 Murray, 『조나단 에드워즈 삶과 신앙』, p.287.

162 Marsden, 『조나단 에드워즈 평전』, pp.92-93.

163 같은 책, pp.197-198.

164 Murray, 『조나단 에드워즈 삶과 신앙』, p.286에서 재인용. 이와 관련해 이안 머레이는, 에드워즈가 설교 원고를 얼굴 가까이에 대고 읽었다는 주장은, "에드워즈는 설교 원고를 매우 세밀하고 판독하기 어려운 필체로 작성했기 때문에 눈을 가까이 갖다 대야만 겨우 읽을 수 있었다"는 드와이트의 말에서 잘못 추론한 것이라고 말한다.

165 Murray, 『조나단 에드워즈 삶과 신앙』, pp.287-288.

166 Marsden, 『조나단 에드워즈 평전』, p.308.

167 Dwight, "Memoirs," clxxxix. 여기서 그는 홉킨스의 증언을 인용한다. "그는 매우 진지하고 엄숙하게 보였으며, 그의 말들은 아이디어로 가득 차 있어서 그가 했던 것처럼 청중의 주의를 끌 수 있는 연설자는 거의 없었다."

168 이와 관련해 마즈던은 "하루 종일 그의 목표는, 너무나 어려운 것이긴 하지만, 하나님 앞에서 살고 있다는 인식을 끊임없이 유지하는 것이었다"고 말한다 (Marsden, 『조나단 에드워즈 평전』, p.205).

169 Marsden, 『조나단 에드워즈 평전』, p.202.

170 Dwight, "Memoirs," clxxxix.

171 Dwight, "Memoirs," cxc.

172 Jonathan Edwards, *The Works of Jonathan Edwards Vol. 2: Religious Affections*. 『신앙감정론』, 정성욱 역(서울: 부흥과개혁사, 2005), pp.156-157.

173 같은 책, p.175.

174 Marsden, 『조나단 에드워즈 평전』, p.245. 그는 다른 곳에서 "조나단의 모든 설교 가운데 가장 특징적인 원칙 중 하나는, 그가 무엇인가를 이론적으로 믿는 것과 그것을 개인적인 삶에서 참되게 인식하는 것을 분명하게 구분했다는 것이다"(p.186)라고 말한다.

175 Marsden, 『조나단 에드워즈 평전』, p.329.

176 같은 책, p.331.

177 John Piper, *The Supremacy of God in Preaching*. 『하나님을 설교하라』, 박혜영 역(서울: 복있는사람, 2012), p.130.

178 Dwight, "Memoirs," cxc.

179 Jonathan Edwards, *The Works of Jonathan Edwards Vol. 4: The Great Awakening*. 『부흥론』, 양낙흥 역(서울: 부흥과개혁사, 2005), pp.507-508.

180 같은 책, p.509.

181 Dwight, "Memoirs," cxc.

182 Jonathan Edwards, "The True Excellency of a Gospel Minister," in *The Works of Jonathan Edwards*, Vol. 2 (Edinburgh: Banner of Truth Trust, 1974), p.959.

183 Jonathan Edwards, "Christ the Example of Ministers," in *The Works of Jonathan Edwards*, Vol. 2 (Edinburgh: Banner of Truth Trust, 1974), p.962.

184 Marsden, 『조나단 에드워즈 평전』, p.196.

185 같은 곳.

186 같은 책, p.373.

187 같은 책, p.376.

188 Jonathan Edwards, "A Farewell Sermon," in *The Works of Jonathan Edwards*, Vol. 1 (Edinburgh: Banner of Truth Trust, 1974), cciv.

189 Marsden, 『조나단 에드워즈 평전』, p.205.

190 같은 책, p.373. 이와 관련해 에드워즈가 『데이비드 브레이너드의 생애와 일기』를 통해 "엄격한 영적 훈련의 가치"를 보여 주고자 한 점을 기억할 필요가 있다. 그는 브레이너드를 성공한 선교사가 아닌, "무한한 가치를 위해 세상을

포기하는 경건의 모범"으로 제시하고자 했다(pp.92, 486).

191 Marsden, 『조나단 에드워즈 평전』, p.91. 에드워즈는 신앙적으로 성숙해진 후 그가 사역 초기에 자신의 힘을 너무 많이 의지한 점을 반성했다.

192 같은 책, p.89.

193 같은 책, p.713.

194 같은 책, p.375. 또 다른 곳에서 그는 이렇게 말한다. "에드워즈는 자기 자신에게 적용했던 엄격한 기준들을 마을에 적용시키면서, 사람들에게 기대할 수 있는 것 이상으로 요구했다. 1742년 노샘프턴 규약이 이것을 보여 주는 가장 명확한 사례일 것이다. 노샘프턴 규약은 마치 마을 사람들에게 방대하게 작성한 자신의 결심문을 따라 살도록 요구하는 것과 같았다"(p.510).

195 같은 책, p.202.

196 같은 책, p.229.

197 같은 책, p.233.

198 같은 책, p.373.

199 같은 책, p.374에서 재인용. 그러나 홉킨스는 에드워즈가 딱딱하고 무뚝뚝하다는 비난에 대해, "항상 그는 다가가기 쉽고 친절하고 겸손하며, 또 비록 말이 많지 않지만 상냥하고 개방적이었다"고 말했다.

200 같은 책, pp.207-208.

201 홉킨스에 따르면, "그는 자기 서재에서 얻은 신앙적 감동으로 사람들과 더 좋은 교제를 가질 수 있다고 믿었다. 사람들은 그곳에서 그를 쉽게 만날 수 있다

는 것을 확신하고 있었으며, 그는 사람들을 온유함과 친절함과 친밀함으로 대했다"(Murray, 『조나단 에드워즈 삶과 신앙』, p.278에서 재인용).

202　Marsden, 『조나단 에드워즈 평전』, p.237.

203　같은 책, pp.237-238. 이와 관련해 마즈던은 당시 에드워즈가 속해 있던 보스턴 복음주의 네트워크를 중심으로 일어난 새로운 찬송의 도입 과정을 비교적 상세히 설명한다. "청교도주의로부터 이 그룹이 장려하는 칼빈주의적 복음주의로 조심스럽게 탈바꿈하는 과정에서 가장 주목할 만한 변화 가운데 하나는 예배 찬송의 개혁이었다. 뉴잉글랜드 회중 찬양은 무질서하고 조화롭지 못했다. 17세기 청교도들은 엄격하게 반(反)국교회 원리를 따라 성경에서 명하고 있는 것들을 제외하고는 아무것도 공예배에서 사용될 수 없다고 했다. 다른 개혁주의자들과 같이, 그들은 성경의 시편을 문자 그대로 옮겨 놓은 노래만을 불렀다. 비록 많은 청교도에게 악기가 있었지만, 그들은 예배당에서 그것을 사용할 수 없다고 생각했다. 마치 악기는 목소리에 부수적이 되어야 한다는 점을 강조하는 것처럼, 그들은 운율 있는 시편을 악상 기호 없이 인쇄했다. 회중은 친숙한 수많은 시편 가락 가운데 아무것이나 따라 노래했다. 선창자 또는 찬양 인도자가 첫 소절 정도를 불러서 곡조를 맞추면, 회중은 그 후에 합류하여 노래했다. 수년에 걸쳐 수집되어 내려온 곡조들을 새롭게 만들거나 발전시켰다. 더 나아가 각각의 회중은 자기의 기분이 내키는 대로 원곡을 변주하여 노래했다. … 그 사이 영국의 비국교도들은 거의 한 세대에 걸쳐 성가를 개혁했다. 주도적인 인물은 칼빈주의 목사였던 아이작 와츠였다. 와츠는 찬송가와 영적인 노래들이 성경적 주제들에 기초하기만 하면 되지 꼭 성경 단어들을 그대로 따라야만 하는 것은 아니라고 주장했다. 이런 원칙 아래 그는 개인의 경건 생활을 위한 찬송시를 짓고 1707년 『찬송가와 영적인 노래들』(Hymns and Spiritual Songs)이라는 제목으로 출판했다. … 1719년에는 시편을 의역한 대중 찬송가를 출판했다. 그 무렵 뉴잉글랜드에서 가정 예배와 이웃들의 사교적인 모임에서 와츠의 찬송가가 사용되고 있을 때 에드워즈는 아직 어렸으나 와츠를 잘 알고 있었을 것이다. … 찬송가가 뉴잉글랜드에 소개됨과 동

시에 '합창', 또는 파트를 나누어 부르는 찬송도 보급되었다. … 지성적인 보스턴에 퍼져 나가던 18세기 조화의 균형에 대한 열심을 가지고, 이 도시의 목사들은 집회 시간에 시편만 노래하던 아수라장의 종말을 고하는 데 앞장섰다. 1722년 코튼 매더는 새로운 찬송을 주일예배에 도입했다. 곧바로 개혁은 '성가 논쟁'에 휩싸이게 되었다. … 보스턴 목사들은 인쇄의 힘을 이용하여 '합창'의 우월성에 대한 다양한 변론을 출판하고, 악보와 3중창으로 된 노래들을 소개했다. 콜먼, 매더 부자, 프린스, 쿠퍼, 그리고 조셉 슈얼은 모두 새로운 방식을 따랐다. 이에 대해 주로 친숙한 단일 곡조의 '옛날 방식'이 더 의미가 있다고 주장하는 평신도들이 반대했다. 그들은 또한 청교도의 선례를 제기했다. 규칙에 따라 노래하는 것은 교황주의로 이끄는 국교회의 형식주의로 돌아가는 것처럼 보였다. 찬송의 개혁을 장려하던 사람들은 당시의 심미주의를 생명력 있는 경건을 촉진시키는 방법으로 생각했다. 코튼 매더는 '회중이 신성한 시편을 노래하기 위해서는 더욱 아름답게 만들어져야 하고, 특별히 그 위에 거룩한 아름다움이 있어야 한다'고 말했다. 잘 정돈된 화음은 최고로 합리적이었다. 그러나 참된 신앙의 다른 많은 면과 같이, 합리적인 화음은 하나님의 아름다움의 증거가 되고, 궁극적으로 인간의 정서를 감동시키게 되어 있었다. 비록 대부분의 평신도들, 특히 시골 공동체에 있는 사람들이 아름다움에 대한 그들 나름대로의 생각을 갖고 개혁을 반대했다 하더라도, 충분히 강력한 리더십을 가진 목사들은 그런 변두리 도시들에서도 개혁을 받아들였다. 놀라울 것도 없이, 그런 개혁을 시도한 첫 번째 인물은 솔로몬 스토다드였다. 1726년 조나단이 노샘프턴에 정착하던 무렵 교구민들 가운데 적어도 몇 사람은 파트로 나누어서 노래하는 것을 배웠다. 어떤 교회들은 '찬양 전문가'를 고용하여 회중이 새로운 심미적 형식에 익숙해지는 것을 돕도록 했다. 적어도 도시에서는 음악적 소양이 빠른 속도로 퍼져 나가 1729년에 보스턴에서 공식적인 음악회를 들을 수 있게 되었다. 그 무렵 1731년에 조나단이 그곳을 방문했을 때 그는 이미 합창의 아름다움에 매료된 열광적인 팬이었다"(pp.219-222).

---

204 Edwards, 『부흥론』, p.146.

205 같은 책, p.161.

206 Marsden, 『조나단 에드워즈 평전』, p.361.

207 Edwards, 『부흥론』, pp.534-535.

마틴 로이드 존스

Brencher, John. *Martyn Lloyd-Jones(1899-1981) and Twentieth-Century Evangelicalism*. Carlisle: Paternoster Press, 2002.

Catherwood, Christopher. *Martyn Lloyd-Jones: His Life and Relevance for the 21st Century*. Wheaton, IL: Crossway, 2015.

Lloyd-Jones, Bethan. *Memories of Sandfields*. 전의우 역.『샌드필즈의 추억』. 서울: 복있는사람, 2014.

Lloyd-Jones, Martyn. *Revival*. 서문강 역.『부흥』. 서울: 생명의말씀사, 1988.

_____. *Knowing the Times*. Edinburgh: The Banner of Truth Trust, 1989.

_____. *The Puritans*. 서문강 역.『청교도 신앙: 그 기원과 계승자들』. 서울: 생명의 말씀사, 1990.

_____. *Romans: The Gospel of God*. 서문강 역.『로마서 강해: 하나님의 복음』. 서울: 기독교문서선교회, 1999.

_____. *Let Everybody Praise the Lord*. 송용자 역.『만입의 고백 찬양』. 서울: 지평 서원, 2008.

____. *John Knox and The Reformation*. 조계광 역.『존 녹스와 종교개혁』. 서울: 지평서원, 2011.

____. *Preaching and Preachers*. 정근두 역.『설교와 설교자』. 서울: 복있는사람, 2012.

Murray, Iain H. *Lloyd-Jones: Messenger of Grace*. Edinburgh: The Banner of Truth Trust, 2008.

____. *John MacArthur: Servant of the Word and Flock*. Edinburgh: The Banner of Truth Trust, 2011.

____. *The Life of D. Martyn Lloyd-Jones Vol. 2*. 김귀탁 역.『로이드 존스 평전 2』. 서울: 부흥과개혁사, 2011.

____. *The Life of D. Martyn Lloyd-Jones, 1899-1981*. 오현미 역.『마틴 로이드 존스』. 서울: 복있는사람, 2016.

____. *Seven Leaders: Preachers and Pastors*. Edinburgh: The Banner of Truth Trust, 2017.

Murray, John J. *Catch the Vision*. 김병규 역.『현대 영국 개혁주의 부활』. 서울: 부흥과개혁사, 2010.

Peters, John. *Martyn Lloyd-Jones, Preacher*. 서문강 역.『마틴 로이드 존스 평전』. 서울: 지평서원, 2007.

Piper, John. *Expository Exultation*. Wheaton, IL: Crossway, 2018.

Thomas, Derek. "Expository Preaching." In *Feed My Sheep: A Passionate Plea for Preaching*. Ed. Don Kistler. 조계광 역.『최고의 개혁 신학자들이 말하는 설교 개혁』. 서울: 생명의말씀사, 2002.

찰스 스펄전

Anderson, Clive. *Travel with C. H. Spurgeon*. 송용자 역. 『찰스 스펄전과 떠나는 여행』. 서울: 부흥과개혁사, 2006.

Dallimore, Arnold. *Spurgeon: A New Biography*. 전의우 역. 『찰스 스펄전』. 서울: 복있는사람, 2017.

Kingdon, David. "Spurgeon and the Downgrade Controversy." In *A Marvelous Ministry*. Ed. Erroll Hulse. 김태곤 역. 『목회자의 능력: 스펄전의 파워목회 연구』. 서울: 생명의말씀사, 2003.

Murray, Iain. *The Forgotten Spurgeon*. Edinburgh: The Banner of Truth Trust, 1966.

____. *Spurgeon v. Hyper-Calvinism*. Edinburgh: The Banner of Truth Trust, 1995.

____. *Evangelicalism Divided*. Edinburgh: The Banner of Truth Trust, 2000.

____. *Heroes*. Edinburgh: The Banner of Truth Trust, 2009.

Nettles, Tom. *Living by Revealed Truth*. 김재모, 임원주 역. 『스펄전 평전』. 서울: 부흥과개혁사, 2016.

Piper, John. *A Camaraderie of Confidence: The Fruit of Unfailing Faith in the Lives of Charles Spurgeon, George Müller, and Hudson Taylor*. 황의무 역. 『확신의 영웅들: 찰스 스펄전 · 조지 뮐러 · 허드슨 테일러』. 서울: 부흥과개혁사, 2017.

Spurgeon, C. H. *An All-Round Ministry*. Edinburgh: The Banner of Truth Trust,

1960.

_____ . *C. H. Spurgeon's Prayers*. 최종상 역.『스펄전의 기도』. 서울: 생명의말씀사, 1982.

_____ . *The Greatest Fight in the World*. 박윤정, 장밀알 역.『무한한 목회의 광맥이 보인다』. 서울: 멘토, 1999.

_____ . *Only a Prayer Meeting*. 조계광 역.『기도회로 교회를 살려라』. 서울: 생명의 말씀사, 2007.

_____ . *Lectures to My Students*. 원광연 역.『목회자 후보생들에게』. 고양: 크리스 천다이제스트, 2009.

_____ . *Spurgeon on Praise*. 박민희 역.『하나님을 높여라』. 의정부: 드림북, 2011.

Thomas, Geoff. "The Preacher's Progress." In *A Marvelous Ministry*. Ed. Erroll Hulse. 김태곤 역.『목회자의 능력: 스펄전의 파워목회 연구』. 서울: 생명의말씀 사, 2003.

www.cblibrary.org/biography/spurgeon/spurg_v2/spau2_19.htm

조나단 에드워즈

Breitenbach, William. "Piety and Moralism: Edwards and the New Divinity." In *Jonathan Edwards and the American Experience*. Eds. Nathan O. Hatch and Harry S. Stout. New York: Oxford University Press, 1988.

Bridges, Charles. *The Christian Ministry*. 황영철 역.『참된 목회』. 서울: 익투스, 2011.

Carrick, John. *The Preaching of Jonathan Edwards*. Edinburgh: The Banner of Truth Trust, 2008.

Edwards, Jonathan. *The Works of Jonathan Edwards 2 vols*. Ed. Edward Hickman. Edinburgh: The Banner of Truth Trust, 1974.

_____. *The Works of Jonathan Edwards Vol. 1; The Freedom of the Will*. 김찬영 역.『의지의 자유』. 서울: 부흥과개혁사, 2016.

_____. *The Works of Jonathan Edwards Vol. 2: Religious Affections*. 정성욱 역.『신앙감정론』. 서울: 부흥과개혁사, 2005.

_____. *The Works of Jonathan Edwards Vol. 4: The Great Awakening*. 양낙흥 역.『부흥론』. 서울: 부흥과개혁사, 2005.

Hart, D. G., Sean Michael Lucas, and Stephen J. Nichols, Eds. *The Legacy of Jonathan Edwards: American Religion and the Evangelical Tradition*. 장호익 역.『조나단 에드워즈의 유산』. 서울: 부흥과개혁사, 2009.

Lee, Sang Hyun. *The Princeton Companion to Jonathan Edwards*. 이용중 역.『조나단 에드워즈의 신학』. 서울: 부흥과개혁사, 2008.

Lloyd-Jones, D. M. *The Puritans*. 서문강 역.『청교도 신앙: 그 기원과 계승자들』. 서울: 생명의말씀사, 1990.

Marsden, George M. *Jonathan Edwards: A Life*. 한동수 역.『조나단 에드워즈 평전』. 서울: 부흥과개혁사, 2006.

Murray, Iain H. *Jonathan Edwards A New Biography*. 윤상문, 전광규 역.『조나단 에드워즈 삶과 신앙』. 서울: 이레서원, 2005.

_____. *The Life of D. Martyn Lloyd-Jones, 1899-1981.* 오현미 역.『마틴 로이드 존스』. 서울: 복있는사람, 2016.

Nichols, Stephen J. *Jonathan Edwards: A Guided Tour of His Life and Thought.* 채천석 역.『조나단 에드워즈의 생애와 사상』. 서울: 기독교문서선교회, 2005.

Piper, John. *God's Passion for His Glory.* 백금산 역.『하나님의 영광을 위한 하나님의 열심』. 서울: 부흥과개혁사, 2003.

_____. *Don't Waste Your Life.* 전광규 역.『삶을 낭비하지 말라』. 서울: 성서유니온선교회, 2004.

_____. *The Supremacy of God in Preaching.* 박혜영 역.『하나님을 설교하라』. 서울: 복있는사람, 2012.

Piper, John, and Justin Taylor, Eds. *A God-Entranced Vision of All Things: The Legacy of Jonathan Edwards.* 이용중 역.『하나님 중심적 세계관』. 서울: 부흥과개혁사, 2007.

Sweeney, Douglas A. *Jonathan Edwards and the Ministry of the Word.* 김철규 역.『조나단 에드워즈의 말씀 사역』. 서울: 복있는사람, 2011.

기타

Brooks, Phillips. *On Preaching.* 서문강 역.『필립스 브룩스 설교론』. 서울: 크리스천다이제스트, 1995.

CALVINISTIC
PREACHING & SHEPHERDING

칼빈주의 설교와 목양

초판 1쇄 발행 2021년 8월 30일

지은이	도지원

펴낸이	곽성종
기획편집	방재경
디자인	투에스

펴낸곳	(주)아가페출판사
등록	제21-754호(1995. 4. 12)
주소	(06698) 서울시 서초구 효령로8길 5 (방배동)
전화	584-4835(본사) 522-5148(편집부)
팩스	586-3078(본사) 586-3088(편집부)
홈페이지	www.iagape.co.kr
판권	ⓒ 도지원 2021
ISBN	978-89-537-9650-8 (03230)

저작권법에 의하여 한국 내에서 보호받는 저작물이므로
무단전재와 복제를 금합니다.

아가페 출판사